Cómo mandar a la mierda de forma educada

Cómo mandar
a la mierda
de forma educada

Alba Cardalda

VERGARA

Penguin
Random House
Grupo Editorial

Primera edición: mayo de 2023
Novena reimpresión: enero de 2025

© 2023, Alba Cardalda
© 2023, Penguin Random House Grupo Editorial, S. A. U.
Travessera de Gràcia, 47-49. 08021 Barcelona
Infografías de Jorge Penny

Printed in Colombia – Impreso en Colombia

ISBN: 978-84-19248-54-1
Depósito legal: B-5.711-2023

Compuesto en Llibresimes, S. L.

ÍNDICE

A Inti, que estuvo a mi lado mientras escribía

todas y cada una de estas páginas.

A mi familia, amigas y compañero

por su apoyo incondicional.

INTRODUCCIÓN

Hace unos años viví en un pueblito de Bolivia donde trabajaba como psicóloga voluntaria en un orfanato. Habitualmente, además de mis labores como psicóloga, era la encargada de ir a comprar a la ciudad la comida para toda la semana. En una de las ocasiones en que me dirigía al mercado, me encontré con que la carretera que siempre tomaba se encontraba cortada debido a las inundaciones que habían dejado las lluvias torrenciales y tuve que optar por una ruta secundaria que no conocía. No tenía ningún mapa ni señal de GPS, así que mi única manera de llegar a la ciudad era siguiendo las señales.

Llevaba ya veinte minutos conduciendo bajo la intensa lluvia cuando me percaté de que no había visto aún ninguna señal de tráfico: ni indicaciones de alguna localidad, ni límites de velocidad, ni cruces de vías, ni stops, ni distancia hasta la ciudad... Ni siquiera las líneas de los carriles estaban señalizadas. Aquello parecía más una interminable pista de aterrizaje que una carretera.

De repente, divisé un coche dirigiéndose hacia mí a toda velocidad en sentido contrario. El pánico se apoderó de mí, mi cuerpo entero se tensó y mis manos agarraron con fuerza el volante mientras lo hacía girar hacia mi derecha para intentar no chocar con el vehículo que venía de frente.

Aun no sé cómo, pero nos esquivamos.

Me detuve en la cuneta para calmar mis nervios al tiempo que miles de preguntas asaltaban mi mente: ¿era yo quien estaba circulando en dirección contraria? ¿Había invadido yo el carril contrario o el otro coche había invadido el mío? ¿Dónde estaba mi salida? ¿Cuántos kilómetros me quedaban para llegar? ¿A qué velocidad podía circular?... Estaba completamente confundida.

Una carretera sin indicaciones es igual que una relación sin límites: nadie sabe lo que está permitido y lo que no, o qué esperar de los demás o si los demás esperan algo de uno; no existen códigos sencillos que establezcan lo que está bien o mal; tampoco puede saberse si uno respeta el espacio del otro ni este sabe si respeta el de uno, ni está claro dónde empieza y dónde termina la responsabilidad de cada individuo... y así, es altamente probable que ocurra un accidente.

Del mismo modo que las señales de tráfico nos ayudan a conducir con seguridad para arribar sanos y salvos a nuestro destino, los límites en las relaciones ejercen esa misma función: garantizar que los vínculos sean sanos y seguros para proteger la integridad de todos.

Sin embargo, no nos han educado para que entendamos los límites de esta manera, sino que nos han criado en la creencia de que poner topes es un gesto egoísta y que cuando uno ama de verdad debe hacerlo incondicionalmente. Estas ideas que hemos ido adquiriendo desde nuestra infancia forman ahora parte de la base de nuestra conducta y de nuestra forma de asimilar e interpretar las relaciones y hacen que nos culpemos cuando establecemos límites para los demás y que los consideremos como una falta de afecto cuando los demás nos marcan los suyos. Esta interpretación errónea nos lleva a mantener relaciones tóxicas, dependientes o abusivas, a decir «sí» cuando queremos decir «no» y a no sentirnos libres de expresar nuestras necesidades y emociones aun con las personas que más queremos.

De la mano de estas creencias totalmente equivocadas sobre lo que son los límites está la ausencia en educación emocional y en comunicación asertiva. Hoy en día, en algunas escuelas ya están empezando a ofrecer educación emocional a los niños y las niñas desde una tierna edad, pero la mayoría de los que nacimos antes de los 2000 no recibimos ningún tipo de pautas para desarrollar herramientas que nos permitan identificar y poner nombre a nuestras emociones, darles valor y transmitirlas de forma empática y asertiva. Por ello, cuando ya somos adultos y queremos expresar cómo nos sentimos, decir «no» o mostrar nuestra disconformidad nos cuesta encontrar las palabras adecuadas. Jamás nos enseñaron a comunicarnos de una manera sincera y honesta a la vez que respetuosa con las otras personas; no nos enseñaron de qué forma exteriorizar nuestro enfado sin atacar al otro, ni cómo podemos ser más elocuentes a la hora de manifestarle a otra persona nuestras necesidades.

En consecuencia, solemos callar lo que nos gustaría decir porque no encontramos una manera asertiva de hacerlo. Nos decimos «no tiene importancia» o «no quiero causar un conflicto» o «no me gustaría hacer enfadar a la otra persona», es decir, nos autorreprimimos. Pero cuando nos reprimimos, lejos de reducir la intensidad de nuestras emociones, esta aumenta en nuestro interior y vamos acumulándola hasta que un día explotamos como un volcán y terminamos expresándonos de la peor forma. Es entonces cuando causamos daño y nuestras relaciones se deterioran.

Tenemos derecho a establecer límites, pero no de cualquier modo. Saber hacerlo teniendo en cuenta las emociones de los demás y las nuestras propias, con las palabras precisas y en el momento adecuado, es clave para que tales límites sean sanos y nos ayuden a construir, no a destruir, relaciones tanto con los demás como con nosotros mismos. Para ello hace falta no solo ser asertivos, sino también conocer estrategias de comunicación efectiva y claves de comunicación no verbal que nos faciliten esta ardua tarea con eficacia y sin menoscabar nuestras relaciones. Pero empecemos por el principio.

1

LOS LÍMITES:
¿QUÉ SON Y QUÉ NO SON?

Todos nos transformaríamos si nos atreviéramos a ser lo que somos.

MARGUERITE YOURCENAR

¿Qué son los límites?

Un límite se define como una línea real o simbólica que marca el fin de algo, ya sea material o no material, o la separación entre una cosa y otra. Indica un punto que no debe o no puede traspasarse. En el ámbito de la psicología hablamos de límites interpersonales, y podríamos definirlos como las reglas y líneas que establecemos en nuestras relaciones (y con nosotros mismos) para que estas sean sanas. Existen diferentes tipos, como veremos a continuación.

Por un lado, están los límites físicos, que se refieren al espacio personal y al contacto físico. Hay personas que se sienten cómodas con el contacto físico y son más cercanas cuando se relacionan con los demás (tocan la mano o el brazo del otro mientras hablan, saludan con un abrazo, les gusta expresar y recibir afecto por medio del contacto físico...) y otras prefieren mantener más distancia (saludan con un apretón de manos, se sienten invadidas cuando alguien se les acerca demasiado, les incomoda que otros traten de mostrar afecto por medio de besos o tocándolas...). En los límites físicos, además de las preferencias personales individuales, también juega un papel importante la cultura de cada país. Por ejemplo, las naciones del norte de Europa establecen unos límites físicos más distantes que las del sur.

Por otro lado, los límites del espacio personal hacen referencia al espacio privado, por ejemplo, nuestra habitación, nuestra mochila o los bolsillos de nuestro pantalón. Las agresiones físicas suponen el traspaso más grave de los límites físicos, pero también se traspasan (aunque de forma más leve) cuando alguien nos toca más de lo que nosotros deseamos, invade nuestros espacios privados o hurga en nuestras pertenencias sin permiso.

Existen también los límites emocionales, relacionados con la forma, el momento, las personas y el contexto en que decidimos expresar nuestras emociones. Se transgreden cuando alguien nos manipula emocionalmente, nos juzga por exteriorizar nuestras emociones o las invalida. También se da una violación de nuestros límites emocionales cuando alguien se entromete en nuestras conversaciones afectivas (por ejemplo, escuchándolas o leyendo mensajes o e-mails que intercambiamos con otras personas) o indaga en lugares donde hemos podido plasmar nuestras emociones y pensamientos (como un diario personal, sin nuestro permiso.

Hablamos asimismo de límites sexuales. Estos tienen que ver con los aspectos afectivos, comunicativos y físicos implicados en las relaciones sexuales. Quebrantarlos no implica únicamente el contacto físico o sexual no consentido, sino también comentarios lascivos y gestos obscenos o ejercer cualquier tipo de presión o manipulación para conseguir contacto sexual.

Los límites temporales hacen referencia a cómo administramos nuestro tiempo para dedicárselo a las diferentes actividades de nuestra vida y a las personas de nuestro entorno. Cuando alguien nos exige pasar con él o ella más tiempo del que deseamos o del previamente establecido para una actividad (por ejemplo, en el trabajo), está violando nuestros límites temporales.

Por último, los límites materiales aluden a la propiedad privada de objetos o bienes materiales. Tienen que ver con cómo decidimos hacer uso de ellos, cuáles queremos compartir y con quién. Cuando alguien nos roba, coge algo prestado sin nuestro permiso, lo daña sin intención de reponerlo o nos presiona para utilizar nuestras pertenencias, está traspasando nuestros límites materiales.

Algunos tipos de límites interpersonales son más difíciles de identificar y establecer que otros. Nos cuesta menos marcar los que podemos ver, como los materiales o los físicos, que los que no podemos ver, por ejemplo, los emocionales. Por eso, tenemos muy claro que nadie puede coger las llaves de nuestro coche y llevárselo como si nada, pero no tenemos tan claro que nadie puede manipular nuestros sentimientos para que hagamos lo que a esa persona le conviene.

Del mismo modo, nos resulta más sencillo delimitar los límites que podemos cuantificar, por ejemplo, los temporales, que los no cuantificables, entre ellos, los sexuales. Nos sentimos con pleno derecho a mostrarnos molestos si alguien llega una hora más tarde de lo que habíamos acordado, pero no creemos igual de lícito expresar nuestro enojo cuando nos han lanzado una mirada obscena.

Por otro lado, las creencias que nos han inculcado a

través de nuestra educación y cultura tampoco influyen en todos los tipos de límites de la misma forma. Por ejemplo, si se nos agrede físicamente, no albergamos duda alguna de que tenemos derecho a intentar defendernos y no nos sentimos culpables por ello. Sin embargo, cuando alguien hiere nuestros sentimientos y daña nuestra integridad psicológica, nos invade la culpa al decirle que cambie su comportamiento.

¿Por qué, si en ambos casos estamos intentando protegernos de un daño?

La primera tarea que se nos plantea cuando queremos empezar a establecer límites es darles a todos los tipos la misma importancia.

Veamos un ejemplo. Nunca se nos ocurriría quitar la puerta de nuestra casa para que entrara todo aquel que quisiera cuando quisiera, ¿verdad? Al hacerlo, correríamos el riesgo de que entraran a robarnos o a hacernos daño, y eso pondría en riesgo nuestra integridad y la de nuestra familia. Por eso, todos tenemos una puerta en nuestra casa que solo podemos abrir con una llave los que allí vivimos y, si alguien quiere entrar, tiene que tocar el timbre, y entonces nosotros decidimos si lo dejamos o no pasar. De igual modo, en nuestros hogares hay otras puertas que delimitan las habitaciones de cada uno y demás espacios. A nadie le resulta ofensivo que cada individuo que vive en la casa tenga su espacio personal y mantenga la puerta abierta o cerrada a su voluntad. Tampoco nadie se molesta porque uno cierre la puerta del baño cuando va a hacer uso de él, ni nos sentimos culpables por hacerlo. Percibimos estos límites como totalmente normales y necesarios para una convivencia armónica.

¿Cómo reaccionaríamos si un amigo se ofendiera porque no le hemos dado la llave? ¿Qué le responderíamos si él argumentara que, si lo queremos de verdad, tiene que poder entrar y salir de nuestra casa cuando quiera? ¿Qué haríamos si nos dijera que para él es una falta total de confianza y de afecto que no le demos la llave?

Probablemente nos sonaría a un auténtico disparate y, a no ser que reconociera pronto haber tenido un ataque de locura, daríamos por finalizada nuestra amistad con esta persona.

Cuando no se respeta cualquier tipo de límite, cuando se espera que nuestro amor sea plenamente incondicional, cuando alguien se incomoda porque le decimos «no» o le molesta que le expresemos nuestras necesidades afectivas... estamos ante un «amigo» tan caradura e irrespetuoso como el que quiere tener la llave de nuestra casa. Ante tal chantaje, no podemos ceder, por mucho, incluso, que queramos a esa persona.

Los límites, lejos de lo que siempre nos han hecho creer, son un acto de amor hacia los demás. Cuando expresamos claramente lo que queremos y necesitamos en una relación, lo que estamos haciendo es facilitar a la otra persona el saber cómo actuar con nosotros para que nos sintamos cómodos y seguros y, así, poder mantener una relación sana y duradera. Es una forma de decir «como te quiero y deseo que tengamos una relación larga y bonita, quiero decirte lo que me hace sentir bien para que no tengas que estar adivinándolo o sin querer hagas algo que me haga daño y provoque que nos distanciemos». Del mismo modo, interesarnos por saber cuáles son los límites de la otra persona es una muestra de querer apostar por una relación lo más sana posible y hacerlo de la forma que ella se sienta más segura. También constituyen un acto de amor hacia uno mismo porque, al establecerlos, estamos escuchando y respetando nuestras necesidades y tratando de darnos eso y no menos en nuestras relaciones.

Los límites son asimismo un acto de respeto, primero, para con el otro ya que le decimos que «igual que yo te comunico mis límites y espero que los respetes, también quiero que compartas conmigo los tuyos y respetarlos», y, segundo, para con uno mismo porque al valorar nuestros propios derechos y necesidades, procurando también que los demás los respeten, nos estamos honrando como personas.

Los límites implican un acto de aceptación del otro porque implican aceptar que lo que esta persona está dispuesta a permitir en una relación puede ser muy diferente a lo que nosotros permitiríamos y que no por eso son menos válidos; y un acto de aceptación de uno mismo puesto que conllevan reconocer y validar nuestras necesidades y deseos sin juzgarlos ni sentirnos culpables por ello.

No podemos comprender lo que son los límites sin hablar de los derechos asertivos básicos, es decir, los derechos que tenemos todos por el simple hecho de ser personas y que defienden nuestras propias necesidades y las de los demás determinando dónde empieza y dónde termina la libertad propia y la ajena. De acuerdo con ellos se establecen el respeto y los códigos éticos y morales, a la vez que, sobre estos, se justifican los límites interpersonales que nos imponemos a nosotros mismos y a los demás. Los derechos asertivos básicos son los siguientes:

- Poder expresar nuestros sentimientos, emociones, pensamientos y necesidades;
- Ser tratado con respeto y dignidad;
- Manifestar desacuerdo;
- Decir «no»;

- Querer algo;
- No querer algo;
- Cambiar de opinión;
- Equivocarse;
- Decidir sobre nuestra propia vida, nuestro cuerpo y nuestro tiempo, y
- Tener nuestro propio orden de prioridades.

Por supuesto, ejercer derechos conlleva asumir responsabilidades. En este caso, estos diez derechos comportan únicamente una responsabilidad: respetarlos en todas las demás personas.

A excepción de los dos últimos derechos asertivos, los niños y las niñas también poseen los mismos derechos (siempre y cuando sus decisiones no atenten contra su integridad o la de otros). Es muy importante respetar estos derechos en la infancia porque es durante esta etapa cuando se va formando el sistema de creencias sobre nosotros mismos, sobre los demás y sobre el mundo. Si de pequeños nos hacen sentir que carecemos de alguno de estos derechos, cuando seamos adultos nos será muy difícil creer que sí los tenemos y, por tanto, defenderlos. Al privar a un niño o niña de sus derechos asertivos, lo condenamos a convertirse en una persona manipulable y vulnerable a los abusos de otros, pues ella misma no considerará tener derecho a expresar sus emociones, a decir «no», a comunicar lo que piensa y tomar sus propias decisiones. Por este motivo, debemos poner especial atención en respetar sus derechos asertivos, pues en la medida que nosotros los respetemos, aprenderán a ejercerlos y defenderlos.

Una de las principales vías de aprendizaje de los seres humanos es la imitación. Los niños adquieren enseñanzas y hábitos imitando lo que hacen sus hermanos mayores, sus compañeros de clase, sus superhéroes de los dibujos animados y, sobre todo, lo que hacen sus padres. Por eso, como madres y padres, además de respetar los derechos asertivos del niño, debemos ser ejemplo para ellos defendiendo los nuestros y respetando también los de los demás. De nada sirve decirle a un niño lo que debe hacer si nosotros mismos no llevamos a cabo lo que predicamos.

¿Qué no son los límites?

Los límites no son decirle a alguien lo que debe o no debe hacer. En ningún caso se trata de exigir o prohibir al otro qué hacer, sino de expresarle nuestras necesidades en la relación y lo que nos hace sentir bien. Poseer el derecho a manifestar lo que necesitamos no significa que podamos hacerlo de cualquier manera y sin tener en cuenta los sentimientos del otro, pues no debemos confundir la libertad de expresión con exponer lo que nos plazca y como nos plazca: la libertad de uno termina donde empiezan los derechos del otro. Por ejemplo, un límite no es decir «Quiero que me escribas un mensaje cada día cuando llegues a casa». De esta forma estaríamos imponiendo, obligando, a la otra persona a realizar algo sin respetar su derecho a decidir si quiere hacerlo o no. Sin embargo, sí podemos expresar nuestro deseo o necesidad argumentando que «Me gustaría que me escribieras cuando llegues a casa porque, si no, me preocupo». Es entonces cuando la otra persona tiene que expresar honestamente si acepta o no tal petición.

Los límites no son juzgables. Uno no escoge lo que desea o lo que necesita (simplemente, lo siente así), por lo que no podemos juzgar nuestros propios límites. Por la misma razón, tampoco podemos hacerlo con los de los demás, solo aceptarlos y respetarlos, o, en caso de no ser compatibles con los nuestros, decidir si queremos seguir manteniendo esa relación o no.

Este punto es más controvertido de lo que pueda parecer en un principio, pues hay algunos deseos o necesidades que no son sanos. Están fundamentados en creencias limitantes o en inseguridades personales y son perjudiciales para nosotros mismos y para nuestras relaciones. Por ejemplo, si sentimos una excesiva necesidad de control, probablemente termine siendo dañina para nosotros y para las personas con quienes creamos vínculos. En estos casos, no debemos juzgar esta necesidad, pero sí cuestionárnosla: ¿por qué tengo tal necesidad de control? ¿Esto me hace bien o me hace mal? ¿Cómo influye en mis relaciones y a las personas que quiero? ¿Está relacionada con alguna inseguridad personal? Al reflexionar sobre ella sin juzgarla, podremos trabajar para mejorar en este aspecto.

Por último, los límites no son un acto de egoísmo. No se trata de actuar egoístamente, sino en pro de que la relación funcione de la mejor manera posible, y eso solo se consigue si sus integrantes se sienten bien en ella, y entonces podrán entregar lo mejor de sí.

Cuando asumimos qué son y qué no son los límites, empezamos a entenderlos como una herramienta que fortalece las relaciones con los demás y con uno mismo, que sostienen la dignidad propia y ajena, y como un elemento imprescindible para construir un amor sano.

2

RELACIONES, SALUD Y FELICIDAD

La buena vida se construye con buenas relaciones.

Un estudio revelador

A lo largo de la historia, desde Aristóteles hasta la actualidad, grandes pensadores, filósofos, psicólogos, antropólogos, científicos y demás mentes ilustradas se han interesado por estudiar qué es la felicidad y qué nos lleva a sentirla. ¿Qué hace que algunas personas se sientan más felices que otras? ¿Se puede cultivar la felicidad? ¿Qué factores influyen en nuestra percepción de felicidad? ¿Nacemos o nos hacemos felices? Desde hace siglos, los seres humanos nos hemos estado haciendo infinitas preguntas sobre la felicidad sin hallar respuestas demasiado contundentes. Hasta hoy. La Universidad de Harvard está llevando a cabo una de las investigaciones más longevas y extraordinarias que se han hecho nunca en materia de la felicidad: durante más de setenta y cinco años han seguido a (en un inicio) 724 personas con el fin de averiguar qué las hacía felices. En el experimento participan personas de diferentes condiciones socioeconómicas, desde su adolescencia hasta la edad adulta, y se han registrado, año tras año, datos sobre su vida profesional, familiar, sexual y sobre sus hábitos, su salud, su economía, etc.

Durante estos años, no solo se ha estudiado a los sujetos que empezaron la investigación, sino que se ha ido introduciendo también a sus hijos, hijas y cónyuges, por lo que los datos recopilados ocupan miles de páginas y su análisis ha revelado algo totalmente sorprendente para los científicos. El director actual del estudio, Robert Waldinger, anunció que el resultado de estas ocho décadas de estudio sobre la felicidad era claro:

> La felicidad no tiene nada que ver con el nivel económico, los estudios cursados, el lugar en el que vivimos o la comida que comemos. Lo que determina nuestra felicidad es la calidad de nuestras relaciones más cercanas.

Esta conclusión causó sorpresa porque por primera vez se demostró, a través de un método científico, que la clave de nuestra felicidad está en la manera en la que nos relacionamos con los demás. Y no solo eso, también se probó que era determinante en nuestra salud.

George Vaillant, el psiquiatra que dirigió el experimento entre 1976 y 2004, publicó un libro sobre los factores que más influyen en nuestra salud mientras envejecemos. En él explica de qué manera nos afectan aspectos como la genética, el ejercicio físico, la alimentación, el abuso de alcohol y drogas, entre otros. Su tesis final fue muy contundente: «La clave para un envejecimiento saludable son las relaciones, las relaciones y las relaciones».

Descubrir que nuestras relaciones ejercen un impacto decisivo en nuestra salud y en nuestra longevidad fue uno de los hallazgos más asombrosos de la investigación. Se pudo comprobar que, por ejemplo, las personas de cincuenta años que vivían relaciones sanas y de calidad llegaban a los ochenta con una mejor salud y que las personas de la tercera edad con vínculos seguros presentaban un menor deterioro cognitivo y físico y conservaban una buena memoria a largo plazo que aquellas que no los mantenían. Por otro lado, también se dedujo que las relaciones plenas tenían un efecto positivo en el control del estrés y en la calidad del sueño, por lo que constituían un importantísimo factor de prevención de múltiples enfermedades graves.

Múltiples estudios posteriores han respaldado estas conclusiones, estudios que se han hecho desde diferentes disciplinas y han supuesto un antes y un después en la forma de entender y abordar la salud física, psíquica y emocional.

Una obra de arte

Hay obras de arte maravillosas, que te atraviesan las pupilas hasta tocarte el alma, capaces de desatar nudos en las gargantas más enmarañadas y que te erizan la piel con solo escuchar sus tres primeras notas. Pero hay una, una jodidamente extraordinaria y suprema que permite que existan todas las otras obras de arte que le dan sentido al mundo: el cerebro.

Los estudios sobre el funcionamiento del cerebro son asombrosos. Nos han desvelado cómo cada área, cada estructura, cada neurona, cada partícula atómica que forma parte de una neurona desempeñan una función específica en nuestro cerebro. Y eso es lo que hace a la naturaleza tan absolutamente admirable.

Cuando nos emocionamos al escuchar una canción, cuando un olor nos transporta a la infancia, cuando nos enamoramos, cuando leemos una novela, cuando aprendemos algo nuevo, cuando nos levantamos de la cama y nos preparamos un café... Todas y cada una de las pequeñas y grandes acciones que llevamos a cabo a lo largo de nuestra vida, y todo lo que sentimos y pensamos, ocurren gracias a que existen neuronas especializadas en procesar un tipo específico de información.

Pongamos un ejemplo. Imaginemos que estamos en una comida familiar y uno de los comensales, sentado al otro extremo de la mesa, de repente nos grita: «¡Ahí va, cógela!», y nos lanza algo por el aire. En los escasos segundos que dura el vuelo del objeto en cuestión, en nuestro cerebro se activan miles de millones de neuronas de unas áreas concretas especializadas en percibir, analizar y reaccionar a lo que está a punto de ocurrir sin que ni siquiera seamos conscientes de ello.

En el cerebro tenemos unas neuronas que forman parte del sistema de visión, situadas en el lóbulo occipital (la parte posterior de la cabeza). Dentro de este sistema, unas neuronas concretas ejercen la función de analizar la superficie de un objeto; otras se encargan de detectar el color; otras, la forma; otras, el tamaño; otras, la velocidad; otras, la dirección del movimiento... y así, en cuestión de milésimas de segundo, estos grupos neuronales especializados envían su información a otra área específica de neuronas, que la asimila. Inmediatamente, se activa nuestra memoria semántica, es decir, nuestra enciclopedia mental donde guardamos los datos de todos los objetos que conocemos, y asocia la información que ha integrado proveniente del sistema visual con la palabra de nuestra enciclopedia que mejor encaje con ella. Entonces, determina que el objeto que viene volando directamente hacia nosotros es una naranja, y concretamente una naranja, no una manzana o una pelota de tenis, sino una naranja.

Las ondas electromagnéticas provenientes de una fuente de luz llegan al objeto. Algunas de ellas serán absorbidas, mientras que el resto rebotarán y llegarán a nuestro ojo.

Las ondas luminosas llegan a la retina, donde las células fotorreceptoras se activan y emiten señales eléctricas.

Estas señales son simplificadas y enviadas al cerebro a través del nervio óptico.

Finalmente, llegan a la parte posterior del cerebro: la corteza visual primaria, donde la información es procesada.

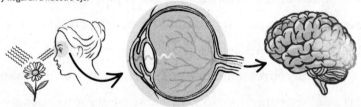

LÓBULO OCCIPITAL

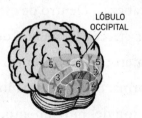

En el lóbulo occipital dedicado a la visión se computa toda la información en las siguientes áreas:

1. Exploración general
2. Visión estereoscópica
3. Profundidad y distancia
4. Color
5. Movimiento
6. Determinación de la posición absoluta del objeto

Por si esto fuera poco, mientras procesamos toda esa información, nuestro lóbulo prefrontal toma la decisión de hacer un movimiento que nos permita esquivar el objeto, así que envía a las neuronas responsables del movimiento de la parte superior del cuerpo la orden de que los músculos del torso, los brazos y la cabeza se desplacen hacia un lado para evitar que la naranja impacte directamente en nuestra cara. A su vez, otra área cerebral, la de los actos reflejos, nos hace cerrar los ojos para protegerlos del posible impacto. Y esto no termina aquí, sino que además continúan activos otros miles de millones de neuronas que nos facultan, mientras todo esto ocurre, para respirar, bombear sangre, mantener el tono muscular, controlar los esfínteres, pestañear, hacer la digestión... Si, además, mientras esquivamos esa naranja, gritamos: «Pero ¡¿qué haces?!», en ese momento se movilizaría asimismo el complejo sistema del lenguaje para intercambiar otro tanto de información entre áreas neuronales y hacer posible nuestra exclamación. Así de fascinante y complejo es el funcionamiento del cerebro.

Como decíamos, esto ocurre en milésimas de segundo, de forma automática, y constituye una de las funciones más básicas para nuestro cerebro. Solo cabe imaginar el intrincado mecanismo que se pone en marcha con actividades más difíciles como escribir, tocar un instrumento, planificar unas vacaciones o resolver un problema matemático.

Volviendo a los estudios neuropsicológicos sobre cómo influyen las relaciones en nuestra salud y nuestra percepción subjetiva de la felicidad, algunos neurocientíficos han ido más allá para desvelar bajo qué mecanismos ocurre esto y nos han permitido entender de qué manera estas afectan en nuestro cerebro.

Todos hemos podido comprobar que, cuando alguien nos trata de forma hostil, se experimentan sensaciones negativas y que, cuando recibimos un trato amable, experimentamos sensaciones agradables. Estas sensaciones son lo que denominamos emociones y son generadas por el sistema límbico de nuestro cerebro (la principal estructura implicada en el procesamiento emocional) en respuesta a un estímulo (en este caso, las palabras o la conducta de la otra persona).

Lo que hace que una emoción sea agradable/placentera o desagradable/dolorosa es el tipo de hormona o neurotransmisor que se libera en nuestro cerebro en reacción al estímulo. Cuando alguien nos trata de forma hostil, se producen una serie de cambios en nuestros niveles de neurotransmisores y hormonas, que hace que tengamos una sensación emocional desagradable, y cuando alguien nos trata de forma amable provoca otro tipo de cambios químicos, en nuestro cerebro, que generan emociones agradables.

Una de las hormonas que se liberan cuando alguien nos trata de forma hostil es el cortisol. Cuando el cortisol está presente en nuestro cuerpo durante un largo tiempo, se convierte en un potente factor de riesgo para nuestra salud, puesto que puede causar enfermedades cardiacas, aumento de la presión arterial, accidentes cerebrovasculares, dificultades para metabolizar las grasas, problemas digestivos, deterioro de la memoria, falta de concentración, ansiedad y depresión. Por tanto, rodearnos de personas que nos tratan o nos hablan mal supone un importante factor de riesgo para nuestra salud.

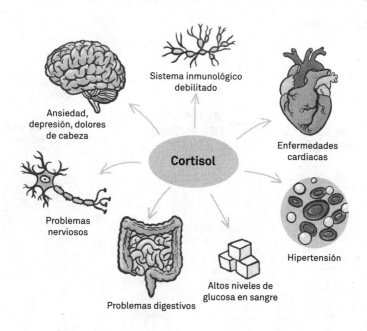

Los descubrimientos de todos estos estudios no es un asunto de menor relevancia, pues llevamos años tratando de dar con la clave para mantener una vida saludable (alimentación, ejercicio físico, abstenerse de alcohol y drogas...) y obviando por completo observar el efecto que tiene sobre nosotros una relación con personas que nos tratan de forma hostil, que resulta ser uno de los factores más decisivos.

Conocer todas estas conclusiones científicas sobre el

impacto de nuestras relaciones interpersonales nos permite replanteárnoslas con la profundidad que, ahora más que nunca, sabemos que merecen. Y es inevitable que surjan preguntas que van enredándose con otras preguntas y estas, con otras, y con otras, formando al final una gran telaraña de interrogantes: ¿Qué es una relación sana? ¿Puede una relación ser sana y dolorosa al mismo tiempo? ¿Puede una relación tóxica hacernos felices? ¿Qué hace que una relación sea de calidad? ¿Cómo podemos mejorar los vínculos que tenemos? ¿Qué debemos hacer con aquellas relaciones que nos dañan? ¿Son los conflictos señal de un mal vínculo? ¿Es posible «reformar» una relación tóxica y convertirla en una sana? ¿Dónde está el equilibrio entre establecer límites y ser flexible para lograr una sana convivencia? ¿Cómo influye en una relación la manera de comunicarnos? ¿Cómo podemos expresar nuestro malestar sin hacer daño al otro? ¿Cuánta hostilidad podemos soportar antes de ponernos enfermos?

La lista de preguntas es extensa y compleja, pero en los siguientes capítulos vamos a ir dándoles respuestas.

3

RELACIONES DE CALIDAD

Lo esencial es invisible a los ojos.

Antoine de Saint-Exupéry

Productos de calidad *vs.* relaciones de calidad

¿Recuerdas la última vez que compraste un teléfono, un par de zapatos o un buen vino? Lo más probable es que compararas varias opciones y finalmente te decidieras por una.

Cuando debemos elegir entre distintas alternativas (dejando a un lado aspectos estéticos y de diseño), nuestro cerebro tiene en cuenta, sobre todo, tres factores:

1. Las necesidades que queremos cubrir;
2. La calidad con la que el producto podrá cubrirlas, y
3. El precio que estamos dispuestos a pagar por ello.

Esta ecuación ocurre de forma totalmente automática en nuestro cerebro. Veámoslo tratando de responder rápidamente a estas preguntas:

1. ¿Invertirías lo mismo en un teléfono antiguo que en uno de última generación?
2. ¿Comprarías unas chanclas de ducha para entrenar atletismo?
3. ¿Escogerías el mismo vino para celebrar tu boda que para preparar una sangría?

Cada una de estas preguntas ha hecho que pensáramos la respuesta en función del precio, de nuestras necesidades y de la calidad del producto, y lo más seguro es que hayamos contestado que no en cuestión de milésimas de segundo gracias a que en una parte de nuestro cerebro, el lóbulo prefrontal, hay unas neuronas especializadas en la toma de decisiones que se encargan de hacer un balance automático de esos tres factores sin que nosotros seamos casi conscientes de ello. Esto se debe a que conocemos perfectamente qué características debe reunir un producto para considerarlo de calidad y la importancia que tiene la relación calidad-precio, que nos permite tomar decisiones bastante rápidas.

No obstante, cuando se trata de la calidad de nuestras relaciones, un aspecto mucho más relevante e influyente en nuestras vidas que la calidad de algo material, no solemos tener mucha idea de en qué consiste. Y es que vivimos en una sociedad que da más importancia a la calidad de lo que compra que a la calidad de sus vínculos porque le da más valor a sus bienes materiales que a las personas de las que se rodea.

Esto es consecuencia de nuestra sociedad de consumo, que nos ha inculcado la creencia de que seremos más felices cuanto más consumamos o cuando consigamos algo mejor de lo que ya tenemos y a obviar por completo lo verdaderamente valioso. Ya lo dijo Antoine de Saint-Exupéry en su libro *El principito*, al hacer referencia precisamente a la relevancia de las relaciones, que «lo esencial es invisible a los ojos». Sin embargo, nos pasamos la vida tras la inalcanzable zanahoria creyendo que «con un teléfono mejor seremos más felices», pero incluso con el último modelo del mercado en el bolsillo nos damos cuenta de que la ansiada felicidad siguen sin llegar. Entonces creemos que necesitamos comprar un coche mejor, pero una vez en el garaje nos percatamos de que continuamos siendo igual de felices o infelices. Así que adquirimos una segunda residencia para ir de vacaciones, pero cuando empezamos a disfrutarla, descubrimos que nos sentimos exactamente igual que antes... y así con cada cosa que consumimos. Mantenemos la creencia de que nuestra felicidad se encuentra fuera de nosotros, en adquirir aquello que es mejor, más grande y caro. Pero nada más alejado de la realidad.

La industria publicitaria

Imaginemos que la publicidad que hemos visto a lo largo de toda nuestra vida, en vez de hacernos creer que la felicidad estaba tras el consumo de un producto, nos hubiera explicado que se encontraba tras la calidad de nuestras relaciones. De haber sido así, desde pequeños le habríamos dado la importancia que merece a la manera en que nos relacionábamos con nuestros familiares y amigos y en cómo estos se relacionaban con nosotros. No habríamos permitido que nos trataran mal, ni nosotros habríamos tratado mal a otros; no habríamos mantenido relaciones donde no nos sentíamos respetados y habríamos prestado más atención al respeto con el que tratábamos a los demás. Tampoco habríamos permitido que alguien se aprovechara maliciosamente de nosotros y habríamos puesto más voluntad en ser recíprocos con lo que los demás nos ofrecían en su trato. También habríamos respetado mejor nuestros deseos y necesidades y comprendido que los demás tienen las suyas, que no tienen por qué ser las mismas que las nuestras y que eso no las convierte en peores personas. Por último, tendríamos más habilidades para comunicarnos asertivamente y más estrategias para afrontar los rechazos sin tomárnoslos como un acto de desprecio, y conservaríamos así más relaciones y de mejor calidad.

Sin embargo, la realidad es que la sociedad que hemos construido está basada en el consumo de bienes y servicios, no en las relaciones y los cuidados. Aunque de poco sirve lamentarse, sí podemos reflexionar acerca de ello para mejorar nuestro futuro con las decisiones que tomemos a partir de ahora.

¿Qué es una relación de calidad?

Para llevar a cabo esta mejora dirigida a priorizar nuestras relaciones personales, primero de todo debemos entender qué es una relación de calidad.

Hablamos de una relación de calidad cuando las personas que la conforman pueden expresar sus deseos, necesidades y límites sin sentirse juzgadas y decidir libremente si quieren o no aceptar los deseos, necesidades y límites del otro; cuando la comunicación, el trato y las acciones se basan en el cuidado y el respeto; cuando no existe manipulación, consciente o inconsciente, por ninguna de las partes; cuando sus integrantes saben cómo tratarse los unos a los otros porque se da la libertad de preguntar y comunicar desde el respeto y el amor lo que precisan y lo que les molesta; cuando los conflictos que surgen no son destructivos, no invalidan y no comprometen el apoyo mutuo, y cuando el perdón, las gracias y el te quiero se expresan con palabras o acciones sinceras.

Estas condiciones son imprescindibles para que una relación sea de calidad, si bien sus miembros pueden considerar necesarias, además de estas, otras condiciones en función de sus valores. La manera de vivir las relaciones de cada persona es única y personal, por lo que cada uno debe ser quien, de acuerdo con las bases que sustentan las relaciones sanas, decida, según su propio criterio y las peculiaridades de sus vínculos, qué es imprescindible y qué no lo es en una relación.

Un ejercicio muy útil para ayudarnos a saber con mayor certeza si nuestros vínculos son o no son de calidad es reflexionar sobre cómo nos relacionamos con las personas más significativas de nuestra vida y evaluar del cero al diez cuánto se da cada una de las condiciones que conforman una relación de calidad, en cada una de ellas. Podemos hacerlo en un cuadro como el del ejemplo de la página siguiente.

Cuantificar las relaciones en una escala del cero al diez es un ejercicio totalmente subjetivo, no hay respuestas correctas o incorrectas porque estas dependen de cómo percibimos cada uno de los aspectos. Al analizarlas de este modo, convertimos lo abstracto en algo preciso y manejable, lo cual nos permite identificar en qué aspectos concretos de la relación existen dificultades y en cuáles no, lo que nos facilita saber dónde incidir y evitar así ir dando palos de ciego.

La interpretación de las puntuaciones también depende de lo que cada uno de nosotros consideremos aceptable. Sin embargo, cabe tener en cuenta que aspirar a un diez (tanto en nuestras relaciones como en cualquier aspecto de nuestra vida) es, más bien, un ideal que un objetivo realista. Si nos obsesionamos con lograr la excelencia, lo más probable es que nos sintamos frustrados continuamente y no logremos disfrutar de los aspectos positivos que se están dando, lo que nos mantiene en una sensación de insatisfacción permanente.

	Mi relación con...				
Hay calidad en las relaciones cuando...	Madre	Padre	Pareja	Amigo X	Amiga X
➤ Las personas que las forman pueden expresar sus deseos, necesidades y límites sin sentirse juzgadas.	3				
➤ Las personas que las forman pueden decidir si quieren/pueden o no aceptar los límites del otro y actuar en consecuencia.	2				
➤ La comunicación se da desde el respeto, sin invalidar las opiniones del otro ni imponer las propias.	3				
➤ No existe manipulación, consciente o inconsciente, por ninguna de las partes.	1				
➤ Sus integrantes saben cómo tratarse los unos a los otros porque se da la libertad de preguntar y comunicar de forma asertiva lo que necesitan y lo que les molesta.	3				
➤ Los conflictos que surgen no son destructivos, no invalidan y no comprometen el apoyo mutuo.	4				
➤ Se expresa implícita o explícitamente, con palabras sinceras o acciones, el perdón, las gracias y el te quiero.	6				

Una perspectiva más realista y sana para nosotros es aceptar que puntuar con un siete cualquier aspecto de nuestra vida es algo muy positivo, un ocho es maravilloso y una puntuación más alta es realmente un milagro. Así que, conforme a estos parámetros, podemos ahora ver de forma clara si las relaciones que mantenemos son de calidad y, si no lo son, dónde en concreto deberemos trabajar para que lo sean.

Por último, y para obtener el máximo partido a este ejercicio, podemos hacernos preguntas sobre los aspectos donde hemos puntuado más bajo para obtener información que nos ayude a saber cómo actuar para mejorar en dicha cuestión. Por ejemplo, si en la primera condición hemos puntuado con un tres la relación con un familiar, cabe preguntarnos: ¿Por qué he optado por un tres y no por un siete? ¿Qué tendría que ocurrir para poder marcarla con un siete? ¿Soy yo quien se siente juzgada o soy yo la que juzga? ¿Cuándo ocurre esto? ¿Cómo ocurre? Si soy yo la que se siente juzgada, ¿se debe a un comportamiento del otro o a una herida emocional mía? Este ejercicio nos aportará la información suficiente para tomar medidas y empezar a trabajar en aquellos puntos flacos de nuestras relaciones o en nosotros mismos.

4

LAS TRES CES: CULTURA, CREENCIAS, CRIANZAS

Un niño, un profesor, un libro y una pluma
pueden cambiar el mundo. La educación es
la única solución.

MALALA YOUSAFZAI

El modelo de mundo

Cuando alguien inicia una terapia psicológica, puede hacerlo por muchas causas distintas: traumas de la infancia, baja autoestima, problemas de pareja, trastornos del estado de ánimo, enfermedades mentales, duelos, conflictos internos... Pero sea cual sea el motivo de consulta, la manera en que el sujeto se relaciona con sus personas más cercanas (pareja, familia, amistades, jefe/a o compañeros/as de trabajo) y con él mismo siempre está influida por dicha problemática. Por eso, uno de los aspectos más importantes que se tratan en todo proceso terapéutico son las relaciones que mantiene (y mantuvo en la infancia) con las personas de su alrededor: la calidad de las mismas y el estilo de comunicación que se da en ellas, enmarcadas en su modelo de mundo.

Cada persona tiene su propio modelo de mundo, único y diferente al de los demás, conformado por sus «filtros mentales» que le hacen ver e interpretar la realidad de una forma concreta. Estos filtros mentales los constituyen sus propias experiencias, creencias y valores, el contexto en que se desenvuelven, su educación y cultura, sus expectativas, y su personalidad y estado de ánimo. Ellos son los responsables de que cada uno veamos la realidad de una determinada manera y de que, ante un mismo hecho, existan tantas interpretaciones y puntos de vista como personas lo perciben.

Al comprender que cada individuo tiene su propio modelo de mundo delimitado por sus propios filtros, nos volvemos más tolerantes y somos capaces de construir vínculos más sanos y respetuosos con los demás.

Cuando en terapia se analizan las relaciones, siempre debe hacerse enmarcándolas dentro del modelo de mundo de la persona y examinarlas desde ahí para poder dotarlas de un sentido real y encontrar los aspectos que, en cada caso, pueden estar resultando desadaptativos. De este análisis se desprenden las dificultades para establecer límites: algunas personas no saben reconocer sus propios límites, o no se atreven a marcarlos; otras desconocen cómo comunicarlos; hay quien, bien por su falta de autoestima, bien por sus creencias, siempre considera más importantes los límites, las necesidades y los deseos ajenos que los propios, y aquellas otras que solo defienden los suyos y no son capaces de respetar los de los demás.

Cultura

A pesar de que las comunidades científicas de salud mental y psicología han dado a conocer cómo influye la calidad de nuestras relaciones en la salud física y emocional, a día de hoy continúa siendo una asignatura pendiente a implementar en los planes educativos de las escuelas o en programas en universidades, empresas y centros para la tercera edad. Seguimos dándole única y exclusivamente importancia a la inteligencia académica y a la productividad, a pesar de que eso no nos ayuda a sentirnos mejores con nosotros mismos ni a entender nuestras emociones (pero sí a mantener el sistema), e ignoramos la inteligencia emocional, la única que puede fomentar el crear y mantener vínculos de calidad con los demás y con uno mismo.

Aun cuando en los últimos años se ha producido un importantísimo incremento de los casos de depresión, ansiedad y otras enfermedades mentales y de suicidios, ningún partido político ha contemplado en sus programas electorales impulsar alguna iniciativa para fomentar la inteligencia emocional y el manejo de las relaciones sociales en sus planes educativos. Si desde pequeños, igual que nos enseñaron lengua o matemáticas, aprendiéramos también a relacionarnos de forma sana con los demás y con nosotros mismos, a respetar nuestros derechos y los de los demás, a expresar lo que pensamos y sentimos de manera asertiva, a comunicarnos con eficacia, a establecer límites, a decir «no» sin culpabilidad y a no ofendernos cuando alguien nos lo dice a nosotros, nuestra vida sería totalmente distinta. Pero como hemos dicho antes, nuestra sociedad y cultura no han priorizado la calidad de las relaciones, por lo que nuestros principales agentes socializadores (los responsables de transmitir las normas, los valores y los modelos de comportamiento, como la televisión, la escuela y la familia) no nos han beneficiado, más bien, al contrario.

Muchas personas (sobre todo las nacidas antes del 2000 y más marcadamente mujeres) han recibido una educación que les ha orientado en el sentido opuesto: a ser amables y serviles, aunque ello implique hacer algo que no desean; a creer que para ser amadas deben complacer los deseos de los demás, aunque ello conlleve negar los suyos; a pensar que para ser una persona valiosa, su conducta y estética debe ser aprobada por la sociedad, aunque para ello se traicionen a sí mismas o pongan en riesgo su salud; a que para ser una madre, un padre, una esposa, un marido, una hija, un hijo, una amiga, un compañero o una ciudadana buenos, nunca jamás deben decir «NO» porque la consecuencia es que pueden hacer sentir mal a los demás o, peor incluso, dejar de merecer ser amadas.

Nuestra cultura judeocristiana es, como vemos, uno de los principales factores que nos ha obstaculizado a la hora de aprender a poner límites de forma asertiva y sin sentir culpa.

Creencias

Las personas que, además de a través de la cultura, han recibido este tipo de educación por parte de familiares y educadores, desde la infancia van forjando muy paulatinamente cuatro principales creencias limitantes y dañinas para sí mismas:

1. que el cómo se sientan los demás es más importante que cómo se sientan ellas mismas;
2. que pensar en su propio bienestar las convierte en personas malas y egoístas;
3. que negarse a lo que otros les piden las convierte en no merecedoras de ser amadas, y
4. que el amor real es incondicional.

En muchos casos, estas creencias hacen que niños y niñas se transformen en adultos complacientes y los aboquen a un autoabandono y al descuido de su propia persona, lo cual acarrea tremendos efectos negativos para su autoestima.

Estas son las personas sumisas, y se caracterizan por:

- tener mucha dificultad para establecer límites y hacerse respetar;
- tomarse como algo personal los límites que marcan los otros;
- suelen decir «sí» cuando quieren decir «no» y acep-

tan realizar favores o acceder a planes que no les
apetece hacer;

- recibir un «no» como un rechazo a su persona;
- mantener relaciones tóxicas y tolerar situaciones
  abusivas en diferentes ámbitos de su vida: laborales,
  sociales y familiares;
- les cuesta decir lo que piensan o sienten realmente y
  evitan llevar la contraria;
- tener la necesidad de agradar y de aprobación de
  todo el mundo;
- sentir ansiedad, rabia o tristeza ante muchas situaciones sociales;
- tener una baja autoestima debido a su propio autoabandono, y
- tener crisis existenciales, pensar que no han cumplido con sus propósitos y sensación de no haberse
  atrevido a vivir la vida que querían vivir.

Las personas sumisas, a pesar de sentirse en situaciones o relaciones totalmente abusivas, tienen temor a decir
«basta, ya no más, hasta aquí». Se les inculcaron demasiadas creencias sobre lo que debían hacer por y para los demás dejando de lado e invalidando lo que ellas mismas
necesitaban y sentían. Estas creencias ahora las limitan y
las mantienen a merced de los deseos y necesidades de

otras personas, desatendiendo las suyas propias, dejándose a sí mismas siempre para el final y anulando sus propios propósitos y metas vitales. Dudan, incluso, si ante crueles faltas de respeto, debieran levantar la voz para hacerse respetar, defender sus derechos y reivindicar su dignidad como persona.

Estas personas necesitan aprender a decir «no» y a decir basta. Requieren RE-DIG-NI-FI-CAR-SE: retomar su dignidad y defenderla, con urgencia.

Sin embargo, no todas las personas a las que les cuesta establecer sus límites son personas sumisas. La mayoría de nosotros, a pesar de haber podido recibir una educación enfocada en ser complacientes, no somos totalmente sumisos, pero sí mantenemos, en cierto grado, creencias que hacen que nos sintamos culpables cuando decimos no o comunicamos límites. Por eso, necesitamos resignificar los límites, reaprender a delimitarlos, a sentirnos merecedores del respeto, a reivindicarlo sin temor ni duda cuando nos faltan a él y a tomar las acciones necesarias cuando transgreden nuestros derechos. Del mismo modo y con el mismo ahínco, debemos también aprender a aceptar los límites de los demás, sin tomarlos como ataques personales, y a respetar las necesidades de todas las personas.

Para comprender que decir «sí» no nos hace mejores personas y que decir «no» tampoco constituye un acto de egoísmo, deberemos deconstruir esas creencias que hemos ido asimilando. Asumir que amar no significa aceptar todo incondicionalmente, ni entregarse sin límites al otro, ni renunciar a los proyectos personales. Que se puede amar, y amar muy fuerte, desde un lugar más sano y menos doloroso, donde también haya espacio para atendernos a nosotros mismos y donde podamos cuidarnos, respetarnos y amarnos libremente sin sentirnos culpables ni egoístas por ello. Pero para lograr este fin, cuestionaremos tres elementos clave adquiridos a través de nuestra crianza y que ahora determinan cómo creamos vínculos: nuestra autoestima, nuestro concepto de egoísmo y la idea que albergamos del amor.

Crianzas

Lo que cada uno entiende por autoestima y egoísmo tiene que ver con lo que de pequeños nos enseñaron sobre el amor, tanto hacia uno mismo como hacia los demás.

Situaciones que nos hicieron pensar que amarse a uno mismo es un acto egoísta:

Tuvimos un modelo de referencia muy complaciente

Por ejemplo, si nuestra madre se desvivía por sus hijos o

su marido, siempre lo tenía todo a punto, se quedaba hasta las tantas de la noche preparando la comida, planchando la ropa y limpiando la casa, y nunca se negaba a los favores de los vecinos, a pesar de no quedarle tiempo para ella misma, para cuidarse o descansar, aprendimos que esa era la manera apropiada de comportarse con los demás y que dedicarse tiempo a una misma no estaba bien.

Si este fue nuestro modelo, lo más probable es que repitamos un patrón parecido y nos cueste mucho entender que disfrutar de tiempo para nosotros y cuidarnos es necesario, es importante y no está mal. También habremos asumido que esa es la forma correcta de demostrar amor a los demás y ser merecedores del mismo y temeremos desmerecerlo si nos negamos a algo o no nos entregamos en cuerpo y alma al otro.

La otra cara de esta misma moneda es que también esperamos que los demás procedan con nosotros de la misma forma e interpretamos que, si no lo hacen, es porque no nos quieren «de verdad».

Invalidaron nuestras necesidades o emociones obligándonos a hacer algo que no queríamos

Si durante nuestra infancia y adolescencia nos hicieron creer que lo que sentíamos, necesitábamos o deseábamos no era importante y que debíamos ponerlo en un segundo plano para complacer a los demás, interiorizaremos esa creencia y la arrastraremos hasta la edad adulta. Por ejemplo, si cuando éramos pequeños no nos gustaba dar abrazos o saludar con un beso a algunas personas y, en vez de ofrecernos alternativas igualmente educadas, nos apremiaban a abrazar y besar sin tener en cuenta la incomodidad que eso nos generaba, probablemente en la edad adulta consintamos ciertas situaciones, a pesar de que no las deseemos, porque consideraremos más importante lo que el otro desea que lo que deseamos nosotros mismos.

Invalidaron nuestras necesidades o emociones con chantajes emocionales

«Si lloras, me enfadaré». «Si no haces esto, papá no querrá estar más contigo». «No estés triste, porque, si no, mamá también se pondrá triste por tu culpa». Cuando de pequeños recibimos este tipo de mensajes, aprendemos que mostrar cómo nos sentimos en realidad está mal. Adoptamos la creencia de que expresar nuestras emociones, decir que algo no nos gusta o no nos apetece, mostrarnos tristes o enfadados... va a acarrear una consecuencia negativa y, no solo eso, sino que podemos llegar a creer que esa consecuencia es lícita. Esta convicción nos predispone a ser maltratados y manipulados por individuos abusivos con facilidad, pues la persona manipuladora ya tiene todo el trabajo hecho: su víctima no cree tener derecho a expresarse y puede llegar incluso a justificar un castigo (emocional o físico) por parte del manipulador o maltratador.

Nos enseñaron que decir «no» está mal

Cuando de niños nos imponen lo que debemos hacer sin explicarnos los motivos y nos riñen si mostramos disconformidad, interiorizamos dos cosas: por un lado, asimilamos que decir «no» está mal, ya que tiene un efecto negativo. Por otro lado, recordemos que, según cómo nos traten y nos hablen de pequeños, así aprenderemos a tratarnos y hablarnos a nosotros mismos el resto de nuestra vida. De ahí la importancia de revisar cuál es el trato que nos damos y nuestro diálogo interno ya que, si lo hemos incorporado de tal modo que resulta dañino para nosotros, deberemos reaprender a hablarnos y tratarnos de una forma sana y justa. Si de pequeños invalidaban lo que sentíamos (como en el ejemplo anterior) o no nos escuchaban, es muy probable que repitamos ese patrón y no le demos valor a nuestros sentimientos o no escuchemos realmente qué es lo que queremos.

De ahí surgen los síes automáticos como respuesta a las

peticiones que nos plantean los otros sin detenernos a pensar si realmente queremos aceptar. No nos damos el tiempo para escucharnos a nosotros mismos e identificar si de verdad queremos o podemos hacer aquello que nos piden. Escuchar lo que nos piden, parar unos segundos, preguntarnos a nosotros si queremos o podemos hacerlo y solo entonces responder es un hábito que debemos incorporar cuanto antes.

Nos dijeron que el amor verdadero siempre es incondicional

Tanto si lo aprendimos gracias al modelo que tuvimos en casa como si se nos inculcó con las películas románticas, esta concepción idealista, irreal y tremendamente nociva del amor nos ha hecho mucho daño.

Se trata de un arma de doble filo: por un lado nos hace creer que, si amamos a alguien, debemos entregarnos incondicionalmente (sea cual sea el costo de ello y por encima de nuestros valores o necesidades); y, por otro, que si esa persona no lo hace a su vez es porque no nos ama de verdad.

Esta es una de las creencias generalizadas que más dolor nos causa a la hora de amar a nuestras parejas, a nuestra familia y a nuestras amistades.

Es importantísimo que identifiquemos esta asunción para deconstruirla y entendamos que el amor no es eso. El amor sano no es incondicional. El amor necesita de límites y necesita de comprensión y empatía con uno mismo y con el otro para que sea real, seguro y duradero. En este modelo donde «lo mío es tuyo, lo tuyo es mío y todo es de todos, y, si no, no es amor» se comete el grave error de eliminar la individualidad de cada persona. Su espacio, su intimidad, su zona de crecimiento personal y sus necesidades básicas individuales desaparecen. Se da la difuminación de uno mismo, la no diferenciación entre el yo y los otros. A consecuencia de ello, la propia identidad se vuelve confusa porque dejamos de ser conscientes de dónde empieza y termina uno mismo y dónde empieza y termina el otro. Esto nos lleva a crear vínculos y relaciones totalmente dependientes en las que, cuando perdemos al otro, también nos perdemos a nosotros mismos.

Si hemos vivido cualquiera de estas situaciones o nos han inculcado estas creencias, es muy probable que tendamos a sentirnos culpables y egoístas cuando únicamente tratamos de entregarnos amor propio y autocuidado. Una buena manera de cuestionarnos si en verdad estamos siendo egoístas es analizar cómo nos criaron. Si nos identificamos con alguno de los ejemplos anteriores, debemos tener en cuenta que tal vez veamos distorsionada la línea que separa el egoísmo del amor propio y nos juzguemos con dureza de forma errónea e injusta.

5

DECONSTRUYENDO CREENCIAS

Desde la infancia nos enseñan; primero a creer lo que nos dicen las autoridades, los curas, los padres... Y luego a razonar sobre lo que hemos creído. La libertad de pensamiento es al revés, lo primero es razonar y luego creemos lo que nos ha parecido bien de lo que razonamos.

JOSÉ LUIS SAMPEDRO

Un caso real

Marga y Carlos eran un matrimonio de cuarenta y cinco y cuarenta y ocho años, respectivamente, con dos hijas. Vinieron a la consulta para iniciar una terapia de pareja ya que hacía un par de años que no dejaban de discutir. Marga había sufrido algunos ataques de ira incontrolables, respondía con agresividad, se irritaba con mucha facilidad y habían dejado de tener cualquier tipo de contacto sexual. Se encontraba muy mal consigo misma, pues para ella sus hijas y su marido eran lo más importante en su vida, y sentía que, a pesar de todos los esfuerzos que les dedicaba, su familia se estaba desmoronando por culpa de su mal humor y su actitud.

«No puedo controlar mis ataques de ira y mi mal humor. Enseguida me enfado por nada y cualquier tema es motivo de discusión con Carlos. Después lo pienso y me doy cuenta de que son tonterías, pero ya es demasiado tarde porque ya hemos discutido y he dicho cosas de las que luego me arrepiento. Me siento fatal y me disculpo, pero el daño está hecho. Carlos y yo siempre hemos tenido mucho carácter, hemos debatido y defendido cada uno nuestras ideas, pero nunca nos habíamos faltado el respeto ni levantado la voz como ahora. Recuerdo que, cuando éramos más jóvenes y discutíamos, cada uno explicaba su punto de vista, a veces de forma un poco acalorada, pero después nos reconciliábamos y todo quedaba en una anécdota. Además, también pago con las niñas mi mal humor: pierdo la paciencia enseguida, soy muy rígida, no soporto que no me hagan caso a la primera y rápidamente me enfado con ellas. No quiero ser una mala madre, pero ya no sé qué hacer».

Marga se deshizo en llantos cuando verbalizó «no quiero ser una mala madre». Trataba de cuidar a su familia implicándose al máximo e invirtiendo en ella cada segundo del tiempo que no pasaba trabajando y, sin embargo, se sentía totalmente frustrada al ver que las discusiones y los enfados eran cada vez más frecuentes e hirientes.

El proceso terapéutico

Durante las primeras sesiones analizamos las dinámicas de la pareja, su estilo de comunicación, los roles que habían establecido y las creencias que mantenían tales roles. En Marga identificamos varias que hacían que se sintiera muy culpable cuando debía marcar límites. Creía que si no le dedicaba todo el tiempo que tenía a sus hijas no sería una buena madre y que si no complacía a su marido sería una mala esposa, además del miedo a ser menos amada o incluso rechazada.

Una vez detectadas estas creencias, empezamos a trabajar en deconstruirlas y sustituirlas por otras más sanas que le permitieran formar vínculos más sanos con su familia y adoptar un rol en el que se hallara más cómoda y feliz. En la primera parte de la terapia, nos centramos en que ella comprendiera que el cuidador o cuidadora necesita autocuidarse primero para poder cuidar a los demás y que, hasta que ella no hiciera tal cosa, su situación no iba a mejorar.

Al principio, el sentimiento de culpabilidad que tenía Marga le impedía contemplar como opción dejar de dedicarle una parte de su tiempo a su familia para dedicárselo a ella misma, pero poco a poco fue identificando y reconociendo las creencias que sostenían esa culpabilidad y trabajando en resignificar lo que para ella era el egoísmo, el amor propio y el amor hacia su familia.

En una segunda fase de la terapia, Marga se esforzó en fortalecer su autoestima a la vez que hizo el ejercicio de «Los pilares de tu vida», un proceso íntegramente introspectivo para detectar qué necesidades de ella misma estaba desatendiendo. Para ello, aprendió también que los deseos y las necesidades no son lo mismo.

En efecto, los deseos son aquello que queremos o que nos gustaría tener, pero no los sentimos como algo imprescindible y generalmente no perduran durante un largo tiempo (o no con mucha intensidad). Las necesidades, en cambio, se sienten más viscerales, se sostienen en el tiempo y se perciben como una condición necesaria para alcanzar la plenitud y realizarnos como personas.

Marga fue comprendiendo que, al tratar de complacer a todo el mundo, se estaba desatendiendo a sí misma y que ello tenía consecuencias emocionales que se expresaban a través de un estado de ánimo más irritable y de sentimientos de ira y tristeza. Se forzaba a dar lo que creía que debía dar a su familia para no ser una mala madre ni una mala esposa, mientras descuidaba sus propias necesidades y sin plantearse si ella se sentía feliz haciéndolo de ese modo.

Cuando comprendió que solo si actuaba sin obligarse y sin descuidarse podría entregar lo mejor de ella a su familia, aunque esto implicara dedicarle menos tiempo, pero un tiempo de mayor calidad, entonces empezó a hacer cosas por y para ella misma.

Después de trabajar en las creencias, llevamos a cabo pautas conductuales: Carlos y Marga reorganizaron sus horarios para que las tareas del hogar y de crianza quedaran distribuidas de tal forma que ambos pudieran dedicarse tiempo a cuidarse a sí mismos. No se trataba de hacer grandes cambios, pues solo con tres horas a la semana para ella, Marga empezó a sentirse mucho mejor consigo, más relajada, con mayor capacidad para relativizar los problemas cotidianos que surgían en la familia, tenía más paciencia con sus hijas y no volvió a notar que la ira se apoderaba de ella. A pesar de brindarle menos tiempo a sus hijas, cuando estaba con ellas lo hacía de mejor humor y con una predisposición y actitud más positivas, lo que suponía que se sintiera mucho mejor con su maternidad.

El proceso terapéutico le sirvió a Marga para deconstruir creencias que le ocasionaban malestar y ansiedad constantes, como que «el amor real es incondicional», que «decir que no te convierte en peor madre y esposa» o que «atender a tus necesidades es egoísmo» y sustituirlas por otras más sanas. Comprendió que ser generosa a veces puede ser un acto egoísta y que ser egoísta puede ser un acto de generosidad en algunas ocasiones; que decir siempre sí no la hacía mejor madre o esposa, y que si atender a los demás implicaba desatenderse a sí misma nunca se sentiría satisfecha y realizada. Se comprometió a cuidarse más para poder cuidar mejor, y así ha sido hasta el día de hoy.

La autorrealización personal

Uno de los ejercicios más útiles de autoconocimiento y crecimiento personal es el de «Los pilares de tu vida».* Se trata de una actividad que nos ayuda a reflexionar sobre aquellos aspectos más importantes de nuestra vida al poder analizar cómo nos estamos relacionando con ellos

* <https://talleres.mipsicoterapiaonline.com/talleres/>

y con las personas que lo conforman. Nos permite identificar cuáles son las piezas clave que necesitamos para sentirnos autorrealizados para poder así ser la mejor versión de nosotros mismos: la más amable, alegre, comprensiva, generosa, paciente, comprometida, resiliente, tenaz, persistente... Cada uno de nosotros reunimos ciertos rasgos que únicamente afloran cuando tenemos todas nuestras necesidades cubiertas, cuando nos sentimos en consonancia con nosotros mismos, en nuestro equilibrio.

Muchas personas piensan que dedicarse tiempo y esfuerzo a sí mismas es un acto egoísta y creen que complacer y cubrir las necesidades de los demás, dejando las suyas abandonadas, las convierte en mejores seres humanos. Sin embargo, no se dan cuenta de que solo cuando se sienten autorrealizadas pueden convertirse en la mejor versión de ellas mismas, y las que las rodean podrán beneficiarse de ello porque la consecuencia directa de sentirnos bien con nosotros mismos es que aquellos a nuestro alrededor se sienten bien a nuestro lado.

Cuando nos vemos completos y satisfechos, nuestra actitud y estado de ánimo mejoran. Nos convertimos en personas más agradables, más generosas, más proactivas, más alegres, más optimistas, más seguras de nosotras mismas... y menos quejicas, menos envidiosas, menos maniáticas, menos desconfiadas, menos obsesivas y menos criticonas. Además, la actitud con la que nos relacionamos es sumamente contagiosa. Varios estudios psicológicos han demostrado que, cuando compartimos con personas alegres y optimistas, nuestro estado de ánimo también mejora y estamos más contentos y entusiastas. Por otro lado, ya hemos hablado del impacto emocional que tiene la manera como tratamos a los demás. Por tanto, cuando nos sentimos realizados y con nuestras necesidades atendidas, estamos de mejor humor y ofrecemos a los demás una mejor actitud, y el efecto que esto produce en ellos es positivo (mucho mejor que cuando, a pesar de dedicarles tiempo y esfuerzo, lo hacemos con una actitud más negativa).

Como en el ejemplo de Marga, a veces, lo mejor que podemos hacer por los demás es ser un poco más egoístas: dedicarnos el tiempo suficiente para sentirnos autorrealizados y tratar así con una actitud más positiva a las personas de nuestro alrededor. Por el contrario, por querer ser demasiado altruistas, quizá estemos siendo egoístas porque lo hacemos para sentirnos mejores personas, más útiles o dignas de ser amadas, pero con una actitud negativa debido al autoabandono al que nos sometemos por ello.

Para empezar a cuidarnos y a trabajar en nuestra realización personal sin sentirnos egoístas debemos recordarnos y repetirnos como un mantra que cuidarnos a nosotros mismos también es cuidar de los demás. De esta forma podremos darle un sentido distinto y más positivo al hecho de priorizar nuestras necesidades y lograr así no solo mejorar nuestra vida, sino también la de quienes nos rodean.

6

¿Y QUÉ HACEMOS CON LA CULPA?

Al final de nuestras vidas solo seremos el resultado de las elecciones que hemos tomado a lo largo de ella.

JEFF BEZOS

La culpa como mecanismo manipulador

Hemos dicho que las creencias inculcadas durante nuestra crianza y a través de nuestra cultura judeocristiana nos generan un sentimiento de culpabilidad al comunicar nuestros límites y al decir «no», como si no tuviéramos derecho a hacerlo o como si al respetarnos estuviéramos transgrediendo algún código ético.

La culpa y el miedo son dos grandes mecanismos de control y manipulación. Estas herramientas han sido utilizadas desde siempre por medios de comunicación, instituciones religiosas, sectas y gobiernos para manejar a los individuos a su antojo y en su propio beneficio. Lo que permite someter a un pueblo o a un grupo de personas mediante estos recursos es su nivel de ignorancia: un pueblo ignorante es más fácil de manipular a través del miedo que un pueblo culto e instruido. Unos ciudadanos ignorantes carecen de capacidad de pensamiento crítico, y sin pensamiento crítico no existe la libertad de pensamiento, y sin libertad de pensamiento no podemos hablar de libertad. Un pueblo ignorante es, por ende, un pueblo sometido.

A nivel interpersonal ocurre lo mismo: es fácil utilizar a una persona emocionalmente ignorante. Las personas con poca inteligencia emocional pueden ser sometidas sin apenas esfuerzo a través del miedo y la culpa porque son incapaces de cuestionárselas.

Para evitar la manipulación, es imprescindible trabajar en nuestra inteligencia emocional para saber identificar cuándo alguien ha puesto en marcha dichos mecanismos con nosotros.

Hablemos, entonces, sobre la culpa. Existen dos tipos de culpa:

La culpa sana o adaptativa:

- es la que sentimos cuando hemos cometido un error o transgredido normas o códigos éticos;
- es proporcional a las consecuencias del daño o error,
- nos impulsa a reparar la falta y a prevenir conductas similares en un futuro. También nos permite aprender de nuestras equivocaciones y asumir la responsabilidad de las consecuencias de nuestras acciones, es decir, nos hace crecer como personas.

La culpa insana o desadaptativa:

- es la que experimentamos sin haber cometido ningún error, provocado daño alguno, ni transgredido normas o códigos morales;
- aparece de forma desproporcionada al daño o error que hayamos ocasionado (de forma muy dura y acompañada de rumiación), y
- no es constructiva sino destructiva, ya que afecta negativamente a nuestra autoestima y al concepto que tenemos de nosotros mismos.

Si analizamos cómo es la culpa que sentimos, fomentamos nuestra inteligencia emocional, lo que, por un lado, nos protege de ser manipulados y, por otro, nos obliga a cuestionar las creencias que nos abocan a la dependencia en relaciones tóxicas. Para ello, podemos plantearnos tres preguntas básicas que nos ayudarán a aportar claridad a nuestra mente sobre si realmente nos estamos juzgando justamente o no como culpables:

El siguiente esquema, básico pero útil, nos permite abrir los ojos ante las dinámicas que mantenemos en muchas de nuestras relaciones y darnos cuenta de si estas se sostienen gracias a ese sentimiento de culpa que nos lleva a ceder cuando no queremos, a aceptar cosas que nos hacen daño y a permitir que transgredan nuestros límites y derechos.

Las respuestas que vayamos obteniendo nos conducirán inevitablemente a otras reflexiones: ¿Me siento continuamente culpable por cosas que no debería? ¿Me veo en la necesidad de pedir perdón por conductas que no causan ningún daño? ¿Me estoy dejando manipular por alguien de manera consciente? Por otra parte, también nos lleva a cuestionarnos: ¿Estoy haciendo sentir culpable a alguien de forma injusta? ¿Ha vulnerado su conducta alguno de mis derechos o es que me ha molestado prescindir de un privilegio? ¿Me enfada lo que ha hecho el otro o me enfada recibir un «no»? Las respuestas a esas preguntas nos plantean otras, y así sucesivamente vamos tejiendo con el

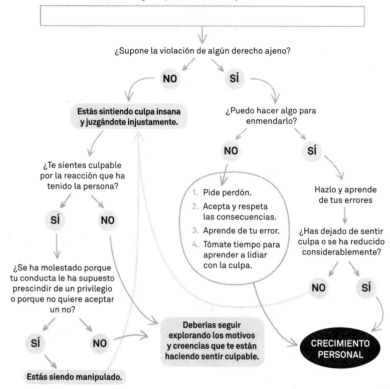

¿Por qué me siento culpable?

¿Supone la violación de algún derecho ajeno?

NO → Estás sintiendo culpa insana y juzgándote injustamente.

SÍ → ¿Puedo hacer algo para enmendarlo?

¿Te sientes culpable por la reacción que ha tenido la persona?

SÍ / NO

¿Se ha molestado porque tu conducta le ha supuesto prescindir de un privilegio o porque no quiere aceptar un no?

SÍ / NO

Estás siendo manipulado.

NO →
1. Pide perdón.
2. Acepta y respeta las consecuencias.
3. Aprende de tu error.
4. Tómate tiempo para aprender a lidiar con la culpa.

SÍ → Hazlo y aprende de tus errores

¿Has dejado de sentir culpa o se ha reducido considerablemente?

NO / SÍ

Deberías seguir explorando los motivos y creencias que te están haciendo sentir culpable.

CRECIMIENTO PERSONAL

hilo del autoconocimiento una gran red, que forja nuestra inteligencia emocional y sobre la que se sostiene nuestra habilidad para gestionar las emociones propias y entender las ajenas, nuestra capacidad de liderazgo, la resiliencia, el autocontrol, la empatía, la tolerancia a la frustración y la capacidad crítica para valorar nuestras conductas y las de los demás. Todo esto nos facilita la tarea de establecer límites y decidir qué límites de las demás personas aceptamos, de manera que vamos construyendo relaciones de calidad, sanas, equitativas y respetuosas.

Razón y corazón

«El corazón tiene razones que la razón desconoce», dijo en una ocasión Blaise Pascal. Y es que a menudo ocurre que, a pesar de entender por qué nos sentimos como nos sentimos y saber que no «deberíamos» sentirnos así, nuestros sentimientos persisten.

En el ejemplo de la culpa, podemos identificar cuáles son las creencias erróneas que mantienen este sentimiento y reconocer los motivos por los que no deberíamos sentirnos culpables y, aun así, no podemos desprendernos de la culpa. Conocer la teoría no implica la mejora en la práctica. He aquí la dificultad del trabajo psicológico: no se trata solo de razonar, sino también de sentir. La eterna lucha entre la razón y el corazón: sabemos que debemos querernos y valorarnos, pero eso no es suficiente para percibir que realmente nos queremos y nos valoramos. Sabemos que no debemos dejarnos influir por las opiniones de los demás, pero eso no es suficiente para que no nos sintamos mal cuando la gente nos critica. Sabemos que no debemos sentirnos culpables por poner límites, pero seguimos experimentando la culpa cuando lo hacemos.

Esto es debido, de nuevo, a las estructuras cerebrales que se encargan de cada una de estas funciones. El circuito neuronal del razonamiento y la toma de decisiones (la corteza prefrontal) es casi casi independiente estructural y funcionalmente del circuito neuronal de las emociones (el sistema límbico). Cada circuito trabaja por su cuenta y riesgo, como si no tuvieran nada que ver el uno con el otro y como si eso no nos supusiera terribles contradicciones y quebraderos de cabeza. Por si esto fuera poco, esta pobre conexión que ambos sistemas tienen entre ellos no es equitativa: hay muchas más conexiones que van del sistema límbico a la corteza prefrontal, y en mucho menor número las que van del córtex prefrontal al sistema límbico. Es decir, que nuestras emociones influyen fuertemente en nuestro razonamiento a la hora de tomar decisiones, pero nuestro razonamiento poco peso tiene para influir en lo que sentimos.

Este es el motivo por el que, en la terapia cognitivo-conductual, donde tratamos de cambiar lo que sentimos a base de incidir en nuestros pensamientos, es necesario repetir una y otra vez las estrategias terapéuticas para fortalecer lo suficiente esas vías neuronales que discurren desde la corteza prefrontal al sistema límbico y llegar así a compensar las que lo hacen en sentido inverso.

Ojalá la neurociencia pueda algún día hacer algún apaño, un pequeño empalme, aunque sea a base de cinta aislante, para conectar equitativamente un circuito con el otro y ahorrarnos así horribles conflictos internos –y mucho dinero en terapia, dicho sea de paso.

Nuestra amiga: la frustración

Una de las habilidades que desarrollamos mediante la inteligencia emocional es la capacidad para tolerar la frustración. Esta capacidad es básica para llevar a cabo cualquier proceso de cambio o aprendizaje porque cuando lo hacemos, una cosa está clara: nos vamos a equivocar una y otra vez, nos va a salir mal cientos de veces, y tantas veces como nos salga mal, tantas veces nos vamos a sentir frustrados. Por eso es necesario aceptar desde el primer momento a la frustración como compañera del proceso. Va a estar ahí desde el inicio hasta que alcancemos nuestra meta, así que más vale que la asumamos cuanto antes. Esto nos permitirá tolerarla con mayor facilidad y levantarnos cada vez que nos caigamos para seguir nuestro camino.

A escribir se aprende escribiendo, a caminar, caminando y a poner límites, poniendo límites. No hay otra manera posible. Así que una vez que sepamos cuestionar nuestra culpa, debemos empezar a ponerlo en práctica, aunque al inicio sigamos sintiéndonos culpables. Esperar no experimentar culpabilidad solo porque sabemos que no debemos sentirnos culpables solo nos llevará a frustrarnos y a abandonar nuestro objetivo en los primeros intentos.

Y es que, como hemos dicho antes, razón y corazón no van de la mano y tratar de alinearlos va a suponernos muchos intentos «fallidos» antes de conseguirlo. Sin embargo, a pesar de tener la sensación de que son inútiles por el hecho de no ser exitosos, estos intentos en absoluto carecen de utilidad. De hecho, son estrictamente necesarios para llevar a cabo un cambio real: forman parte de las experiencias que tenemos que vivir para que nuestro cerebro sea capaz de tolerar ese grado de culpa y se vaya haciendo cada vez menos sensible a ella. Solo debemos tener claro que, pasados unos intentos, ese sentimiento de culpa se difuminará hasta desaparecer (casi) por completo.

Ocurre lo mismo cuando se empieza a adquirir un nuevo hábito, por ejemplo, el deporte. Si el deporte nunca nos ha llamado la atención especialmente, al inicio suele resultar muy difícil: nos da pereza, provoca agujetas, no vemos ningún resultado, no sabemos hacer bien los ejercicios... Si creemos que al empezar a hacer ejercicio vamos a sentirnos motivados, no nos va a suponer esfuerzo, nos veremos como atletas profesionales y notaremos resultados inmediatos, estas expectativas irrealistas se van a ver incumplidas rápidamente y eso es lo que nos lleva a abandonar. Sin embargo, si aceptamos que va a ser un proceso costoso, que no lo haremos todo lo bien que nos gustaría por nuestra falta de experiencia, que no conseguiremos los resultados deseados de forma inmediata y que muchas veces nos va a dar pereza levantarnos del sofá para ponernos a hacer deporte, entonces tenemos muchas más probabilidades de lograr nuestro objetivo.

En este proceso de establecer y respetar límites, resignificarlos y sustituir nuestras creencias limitantes por otras liberadoras debemos tener en cuenta lo mismo: solo a base de repetir una y otra vez una manera distinta de hacer y de pensar las cosas, dejamos de sentirla extraña o forzada y acabamos por normalizarla y automatizarla.

7

EL VENENO ESTÁ EN LA DOSIS

El truco del equilibrio es que sacrificar cosas importantes no sea la norma.

Simon Sinek

Limitismo

Paracelso fue un polémico médico, astrólogo y alquimista del siglo xvi que aportó a la medicina las primeras drogas y medicamentos creados con químicos y minerales. Tras muchos años de ejercicio, llegó a la conclusión de que toda sustancia podía ser a la vez remedio y veneno. Que fuera uno u otro solo dependía de la dosis.

En lo que respecta al establecimiento de límites, el veneno también está en la dosis: entre ser completamente rígidos y ser totalmente sumisos hay un punto de equilibrio que debemos encontrar.

Otra manera de convertir un remedio en un veneno es añadiéndole el sufijo «ismo». Cuando añadimos este sufijo a algunas palabras que en un principio representan conceptos positivos y que podrían suponer un remedio, es como si aumentáramos la dosis a tales niveles que lo convertimos en un veneno. De libertad, obtenemos liberalismo; de fan, fanatismo; de capital, capitalismo; de servil, servilismo... y así sucede con muchas otras.

«Limitismo» es el término que uso para expresar una postura radical a la hora de establecer límites. Es el concepto de límites mal entendido; la posición inflexible del todo o nada; la dosis que convierte el remedio en veneno.

Respetar nuestros derechos, decir «no» y atender a nuestras necesidades no está reñido con la complacencia, la amabilidad o el compañerismo. Muchas veces nos apetece ser complacientes con las personas a las que amamos, practicamos la amabilidad (algo que desde luego mejora las relaciones con los demás y nos hace sentir muy bien con nosotros mismos), deseamos hacer cosas por compañerismo y consideramos que debemos ceder en algunas situaciones para disfrutar de una sana convivencia con otras personas. Esto también es una forma de cuidar y demostrar amor, y el punto sano es saber hacerlo desde ahí: desde el querer cuidar al otro, pero sin que implique descuidarnos a nosotros mismos. Esto es completamente necesario para gozar de relaciones de calidad, por lo que es fundamental hallar el punto de equilibrio, la dosis adecuada. Encontrarlo nunca es fácil, depende de nuestra inteligencia emocional, de nuestra capacidad para escucharnos y escuchar al otro, de aceptar lo que sentimos y siente el otro sin juzgarlo, de ser flexibles y de discernir lo que es verdaderamente importante de lo que no.

Una de las herramientas que nos permite reconocer dónde está el punto de equilibrio es establecer umbrales. Veamos un ejemplo simple para entender cómo funciona.

Imaginemos que alguien nos pide un favor. Pongamos por caso que un compañero de trabajo nos pregunta si podemos cubrir su puesto un viernes por la tarde. Nos debatimos entre el compañerismo o la necesidad de descansar tras toda la semana laboral, es decir, entre satisfacer la necesidad del otro o la nuestra. Si tenemos dudas sobre cómo actuar, podemos hacerlo con umbrales. Para ello nos haremos preguntas que nos permitan cuantificar del 0 al 10 cuánto deseamos, nos apetece o nos perjudicaría hacer lo que nos planteamos hacer y estableceremos un valor como umbral (el 6 o el 7 es un buen número) para decidir si aceptar o rechazar. Por ejemplo, en este caso nos podríamos hacer la siguiente pregunta: «Del 0 al 10, ¿cuánto esfuerzo me supone quedarme a cubrir el puesto el viernes por la tarde? ¿Cuán cansado me siento?». Contestamos de forma honesta, y si es menos de un 6 consideremos aceptar hacer el favor. Si nos supone más esfuerzo, consideraremos decir que no.

Otra manera de establecer umbrales ante esa misma situación es preguntarnos: «Entre nada, un poco, bastante o mucho, ¿cuánto me va a perjudicar o afectar hacer esto? ¿A qué voy a tener que renunciar? ¿Interfiere con mis propias metas y objetivos?». Si es bastante o mucho, consideraremos decir que no. Si es un poco o nada, consideraremos decir que sí.

Estas preguntas sirven como pauta para aprender a escucharnos a nosotros mismos en el momento en que alguien nos plantea alguna petición y evitar así contestar automáticamente. Tras esta primera reflexión, tendremos en cuenta por lo menos tres factores más que modularán nuestra respuesta:

La persona que nos lo pide:

¿Es alguien que suele ser amable con nosotros o no? ¿Qué relación tenemos con esta persona? ¿Existe algún tipo de jerarquía laboral? ¿Cómo responde esta persona cuando nosotros le hemos pedido ayuda?

La frecuencia con que nos lo pide:

¿Nos pide favores solo de vez en cuando o ha tomado la costumbre de hacerlo frecuentemente? Un dato importante a tener en cuenta es que cuando uno concede un favor tres veces consecutivas, las conexiones neuronales que se forman en el córtex prefrontal de quien lo pide hacen que esta empiece a considerar como un derecho u obligación que la otra cumpla con ese cometido, es decir, se empieza a establecer un rol. Para evitar esto, es aconsejable no aceptar nunca tres favores seguidos (o por lo menos sin aclarar que no podemos aceptar esto como un compromiso).

El motivo por el que nos lo pide:

¿Se trata de algo importante o irrelevante? ¿Nos piden el favor por imposibilidad de llevarlo a cabo o por capricho? En el ejemplo que nos ocupa podríamos preguntarnos: ¿Necesita que lo cubramos porque le apetece salir de copas o porque debe llevar a su hijo al médico?

Sopesar estos tres factores nos ayuda a dar una respuesta adaptada a cada situación y encontrar así un punto de equilibrio en función del contexto.

Cuando alguien empieza a trabajar esto en terapia, al inicio le resulta tremendamente difícil, y es que, en verdad, llevar a cabo estas reflexiones cada vez que nos piden un favor o nos proponen algún plan resulta muy forzado al principio. No nos sale de forma natural porque no es nuestra manera habitual de hacerlo (y precisamente por eso necesitamos cambiarlo), pero al repetir este ejercicio varias veces lo que conseguimos es, gracias a la neuroplasticidad del cerebro, crear nuevas conexiones neuronales que hacen que poco a poco esto se convierta en un hábito automático.

Un ejemplo para comprender bien cómo funciona este proceso en nuestro cerebro es el de la conducción.

Los que sabemos conducir seguramente recordemos la primera vez que nos sentamos en un coche e intentamos salir a circular. Era abrumador estar pendiente de tantas cosas a la vez: apretar el pedal de embrague mientras se introduce la marcha y empezar a soltarlo despacio mientras presionamos el del acelerador, ponemos el intermitente, miramos por los retrovisores para poder incorporarnos y avanzamos poco a poco mientras dirigimos la dirección del coche con el volante... Al principio, prestar atención a todo esto a la vez nos suponía un gran esfuerzo, pero pasado un tiempo, y después de que se nos calara el coche en unas cuantas ocasiones, lo hacemos sin pensar. ¿Por qué? Porque a base de repetir, despacio y pensando muy conscientemente en cada paso, nuestro cerebro fue creando y fortaleciendo nuevas conexiones neuronales hasta que se hicieron tan fuertes que la conducción se volvió automática. Ahora, nos montamos en el coche, arrancamos y salimos casi sin pensarlo.

Esto es lo que ocurre en nuestro cerebro cada vez que repetimos algo nuevo para nosotros, lo que sea, un nuevo paso de baile, una nueva técnica de dibujo, nuevas palabras en otro idioma o un nuevo hábito: generamos nuevas conexiones que van fortaleciéndose con cada ensayo-error y cuando repetimos suficientes veces el mismo proceso logramos que los nuevos circuitos neuronales se refuercen hasta tal punto que aquello que al principio nos costaba tanto nos salga de forma automática. A esto es a lo que llamamos aprendizaje.

Cuando aprendemos nuevas formas de pensar o de actuar ocurre exactamente lo mismo: al principio es algo muy reflexivo y nos lleva mucho tiempo, pero al repetirlo algunas veces, terminamos siendo capaces de hacerlo casi sin pensar.

Psicología naíf

Cuanto más sana es nuestra autoestima, menos dependientes somos de la aprobación de los demás y, a medida que vamos validando y dándoles valor a nuestras propias opiniones, menos vulnerables somos a lo que opinen de nosotros. Sin embargo, no podemos desprendernos de nuestra naturaleza gregaria, es decir, de nuestra necesidad biológica de pertenecer a un grupo.

Desde la aparición del *Homo sapiens*, hace unos dos millones y medio de años, la pertenencia a un grupo les permitía a aquellos seres humanos crear vínculos de confianza y solidaridad mediante redes de cooperación que, además, garantizaban su supervivencia. Si, por el contrario, el grupo no aceptaba a un individuo, a este le aguardaba una muerte temprana asegurada.

A pesar de que la sociedad en la que vivimos hoy en día ha cambiado mucho desde aquel entonces, nuestro cerebro ha permanecido sin cambios en los últimos cincuenta mil años. Por lo que, aunque ya no debemos pelear contra peligrosos depredadores ni hacer turnos para avivar el fuego, seguimos manteniendo los mismos mecanismos sociales de supervivencia que nuestros antepasados, es decir, la aprobación externa del grupo para formar parte de él. Si bien es cierto que esta necesidad de aprobación es innata, resulta necesario ver en qué medida la experimentamos cada uno y encontrar un punto de armonía que nos permita sentirnos aceptados por el grupo sin fallarnos o ser deshonestos con nosotros mismos.

Algunas frases del movimiento naíf (una corriente de pensamiento excesivamente positiva e irrealista en auge, sobre todo en redes sociales) transmiten el mensaje de que podemos controlar totalmente el efecto que las acciones y palabras de los demás tienen sobre nosotros. Sin embargo, esto va en contra de nuestra propia naturaleza social y las necesidades biológicas que de ella se desprenden (es decir, de nuestra necesidad de aprobación del grupo, cuya función ha sido siempre mantenernos con vida).

En vez de hacernos creer que podemos luchar en contra de nuestra propia naturaleza y empecinarnos en aguantar conductas y palabras desagradables cual estoicos, sin limitación, lo cual nos conduce inevitablemente a un estado emocional de dolor y gran frustración, podemos llevar a cabo tres cosas mucho más efectivas en cuanto a nuestra necesidad de aprobación:

1. Admitir nuestra necesidad. Solo podemos trabajar en aquello que reconocemos, por lo que reconocer que necesitamos sentirnos aprobados por otras

personas nos permite incidir en ella y modular, si es necesario, el grado de necesidad que sentimos.

2. Saber diferenciar qué cosas están bajo nuestro control de las que no lo están. Aceptar que hay cuestiones que no dependen de nosotros (por ejemplo, las emociones u opiniones ajenas) nos permite centrar nuestra energía en tomar medidas únicamente sobre aquello que sí depende de nosotros (por ejemplo, actuar bajo nuestros principios respetando los de los demás) y soltar responsabilidades que no nos corresponden.

3. Decidir quiénes forman parte de nuestro grupo. No necesitamos la aprobación de todo el mundo (si tenemos este grado de necesidad, deberemos trabajar en modularlo), sino ser aprobados solo por aquellos que consideramos importantes en nuestra vida. Reflexionar sobre quiénes son las personas cuya aprobación buscamos nos llevará a plantearnos si deben ser estas necesariamente o podemos elegir invertir nuestro tiempo y energía en otras cuyos vínculos puedan ser más gratificantes para nosotros.

Estas tres acciones nos obligan a tomar decisiones de forma activa para dar respuesta a nuestras necesidades afectivas y emocionales. Por eso, más que aferrarnos a mensajes de la psicología naíf, podemos aferrarnos más bien a los que nos recuerdan el derecho a marcar nuestros límites y a resolver no seguir manteniendo relaciones que nos dañan. Esto es el mayor acto de amor propio que podemos hacer por nosotros mismos. Esto no significa que los mensajes tipo «nadie puede hacerme sentir mal si yo no se lo permito» no sean útiles en situaciones concretas, pero debemos tener cuidado para no generalizarlos a todos los contextos. Por ejemplo, pueden sernos de utilidad si un conductor que no conocemos de nada nos lanza desde su ventanilla un comentario desagradable, pero no si nuestro compañero de trabajo nos habla con desprecio y desdén todos los días.

En la primera situación, no guardamos ningún tipo de relación con esa persona, por lo que queda claro que su comentario no es algo personal y tiene más que ver con su propia frustración y estado de ánimo que con nosotros. Por otro lado, el incidente es puntual y poco frecuente y probablemente no volvamos a verla más y, además, aquí el mensaje naíf puede sernos útil: no permitiremos que eso nos siente mal, lo ignoraremos y seguiremos con nuestra vida normalmente.

Sin embargo, en el segundo caso, sí mantenemos una relación (laboral) con la persona que nos maltrata y debemos interaccionar con ella todos los días, lo que supone sufrir ese maltrato con frecuencia. En este tipo de situación no es tan fácil impedir que la conducta de la que somos objeto a diario influya en nuestro estado de ánimo e, incluso, en nuestra autoestima.

En estas ocasiones lo más habitual es que, si no ponemos fin a este abuso, terminemos por sentirnos tristes, enojados, de mal humor, humillados e incluso con ansiedad. Y esto no es una debilidad, al contrario, si sentimos estas emociones significa que somos humanos con un cerebro sano, puesto que son el resultado de las conexiones existentes entre la corteza prefrontal (nuestro razonamiento) y el sistema límbico (nuestras emociones). Si no reaccionáramos emocionalmente a estas circunstancias denotaría que tenemos desconectadas estas dos áreas, es decir, seríamos psicópatas.

Por eso, debemos aceptar que experimentar emociones desagradables cuando nos tratan mal es normal, es sano y también útil, porque nos impulsa a poner límites. Y es entonces cuando debemos ejercer nuestro derecho a decidir, esto es, no hacer nada y seguir permitiéndolo, o marcar límites para impedirlo.

Por otro lado, cuando intentamos aplicar a todas las situaciones de la vida mensajes del pensamiento naíf, corremos un importante peligro: terminar culpabilizándonos a nosotros mismos del efecto emocional que nos genera recibir malos tratos de los demás y sentirnos aún peor de lo que ya nos hace sentir nuestro abusador, por no ser capaces de impedir sentirnos mal. Injusticia por partida doble: por una parte, por culpabilizar a la víctima de sentir emociones dolorosas al estar siendo maltratada, y por otra, por eximir de total responsabilidad al maltratador.

Reconocer nuestra vulnerabilidad como seres humanos es necesario. No tenemos por qué ir por la vida como si fuéramos soldados despiadados en pie de guerra, duros, insensibles e invencibles. No somos eso. Somos personas vulnerables y con emociones, y necesitamos cuidar y que nos cuiden.

Las palabras y acciones con las que tratamos a los demás y estos nos tratan a nosotros deben venir desde el respeto, lo cual es responsabilidad de la persona que habla o actúa, no de quien lo recibe. Si alguien nos falta al respeto, nos hiere o traspasa nuestros límites, naturalmente que esto va a tener un efecto emocional y es injusto que nos hagan creer que se debe a que no somos lo suficientemente fuertes para evitarlo y que poca o ninguna responsabilidad tiene la persona que abusa de nosotros o nos maltrata.

Sandra es el ejemplo perfecto de alguien que creyó a pies juntillas este tipo de pensamiento naíf.

Sandra, una chica de treinta y dos años que venía a mi consulta, había tenido desde pequeña una relación muy difícil con su hermana mayor, Patricia. Cuando de pequeñas Patricia insultaba a Sandra y esta se ponía a llorar, sus padres le decían: «¡Anda! No seas boba, si te vas a poner así por cada cosa que diga tu hermana, ¡vas apañada!». Más adelante, durante la pubertad, Sandra sufrió bullying en el instituto. Su profesora sugirió a los padres que la llevaran al psicólogo del instituto. En las sesiones a las que acudió, él le explicó que «las cosas solo te afectan si tú permites que te afecten».

Durante la intervención psicológica no trabajaron en fortalecer la autoestima de Sandra, no le enseñaron a establecer límites, no le dijeron que los que estaban actuando mal eran sus compañeros y no le explicaron que ella tenía derecho a ser respetada y a decir basta. La profesora tampoco mantuvo una charla con las personas que la acosaban para descubrirles los efectos que su conducta podía ejercen en la salud mental y emocional de Sandra, ni para fomentar la empatía, ni para explicarles lo que es el respeto ni recordarles que no debemos tratar a los demás como no nos gusta que nos traten a nosotros.

Nada de eso se dio. Solo se responsabilizó a Sandra de

lo que sentía, y Sandra hizo de aquello una creencia: «Si las cosas me afectan es porque yo permito que me afecten. Nadie más que yo es responsable». Este mantra la llevó a permitir toda clase de abusos por parte de su hermana, sus compañeros de trabajo, sus amigos y sus parejas... mientras ella aguantaba y solo trataba de hacerse «más fuerte». No se sentía con derecho a poner límites o a distanciarse de aquellos que no la respetaban, sino más bien con el deber de aceptar y lidiar con esos comportamientos por muy abusivos e hirientes que fueran. Su vida era un constante poner la otra mejilla.

Tras un tiempo de terapia, Sandra entendió que tenía la capacidad y el derecho a tomar decisiones y que podía escoger no seguir manteniendo vínculos con quienes le hacían daño o se aprovechaban de ella. Comprendió que no era necesario permanecer cual guerrero patriótico en primera línea de batalla en relaciones que le hacían mal, que podía decir basta y que eso no la convertía en una persona débil, sino en una persona que se amaba.

Sesgos cognitivos

Un sesgo cognitivo es una manera errónea de interpretar la información que nos rodea y que influye en nuestro comportamiento y en nuestra manera de pensar y de tomar de decisiones.

Hay muchos tipos de sesgos cognitivos. Uno de los más comunes es pensar en términos absolutos: las cosas son blancas o negras, buenas o malas. Y ese es un fallo que limita enormemente nuestra mente y nuestra capacidad para resolver problemas de cualquier índole.

En el tema que nos ocupa también ocurre, por eso nos cuesta aceptar la idea de que ni todo depende de uno mismo ni todo depende de las demás personas.

Nosotros podemos hacer muchas cosas para no depender en exceso de los demás y que sus acciones y palabras no nos hagan tanto daño: aprender a modular la intensidad en la que nos afecta, a curar heridas emocionales que nos obligan a reaccionar desproporcionadamente, a trabajar en nuestros complejos, a equilibrar nuestra sensibilidad, a interpretar de formas alternativas lo que ocurre a nuestro alrededor, etc. Pero también necesitamos aprender a establecer límites sin sentirnos culpables y a escoger con quién creamos vínculos y con quién no.

Cuando ponemos todo lo que está en nuestras manos para que una relación sea sana, pero aun así, no nos sentimos bien con lo que recibimos, es el momento de tomar una decisión que evite postergar el sufrimiento, es decir, o bien redefinimos las necesidades de cada uno y negociamos, o bien tomamos distancia de la relación, o bien le ponemos fin. Es clave saber dónde empieza y dónde acaba nuestra responsabilidad en la relación y dónde empieza y dónde acaba la del otro.

8

¿DÓNDE PONER EL LÍMITE?

La libertad es un movimiento de la conciencia que nos lleva, en ciertos momentos, a pronunciar dos monosílabos: Sí o No.

Fernando Savater

Negociables y no negociables

Después de hablar sobre qué son y qué no son los límites, las relaciones de calidad, nuestras creencias limitantes y cómo nuestros vínculos influyen en nuestra vida y en nuestra percepción de la felicidad, nos falta hablar de lo más importante: IDENTIFICAR CUÁLES SON NUESTROS LÍMITES Y CÓMO COMUNICARLOS.

Muchas veces ocurre que nuestra manera de funcionar y

la de la otra persona simplemente no encajan, pero que alguien no encaje con nosotros no significa que sea una mala persona. No siempre hay culpables, ni tóxicos, narcisistas o psicópatas. A veces, sencillamente, las personas no funcionamos juntas y debemos saber reconocerlo para tomar la mejor decisión para ambos. Además, cada persona tiene sus propias necesidades y reglas del juego; no hay buenas ni malas, correctas o incorrectas, son solo las de cada uno.

Los límites no se juzgan (ni los ajenos ni los propios), se aceptan y se respetan sin más. Si son afines a los nuestros, podremos mantener una relación con esa persona; si, por el contrario, son incompatibles, tenemos el derecho de escoger no relacionarnos con ella. Esto, por supuesto, se aplica a uno y a otro, es decir, si al otro no le parecen bien nuestras reglas del juego, debemos aceptar y respetar su derecho a alejarse.

Para identificar cuáles son nuestras reglas, nuestros límites, contamos con dos herramientas muy poderosas: las emociones y el autoconocimiento. Nuestras emociones nos harán de brújula y nos avisarán si algo nos resulta agradable o desagradable, y el autoconocimiento nos permitirá otorgarle un significado más profundo y sentido a esa emoción, lo cual nos llevará a ponerle nombre a esos límites y comprenderlos.

Tenemos seis emociones básicas: alegría, tristeza, miedo, asco, rabia y sorpresa. Solo una de ellas es agradable, cuatro son desagradables, y una, la sorpresa, puede ser agradable o desagradable. Esto significa que nuestro cerebro está mucho mejor preparado para indicarnos qué cosas pueden constituir un peligro para que nos alejemos de ellas que para descubrirnos las que pueden ser agradables. Si obviamos las emociones desagradables (como ocurre con el pensamiento naíf), dejamos de escuchar todas las señales de peligro, y esto es exactamente como estar perdido con una brújula estropeada. Por eso, debemos darle espacio y atender a todas nuestras emociones.

Una vez que reconocemos nuestros límites, debemos diferenciar dos tipos diferentes: aquellos que no vamos a permitir que se sobrepasen bajo ningún concepto, los no negociables, y aquellos en los que podemos ser flexibles dependiendo de la situación, los negociables.

Límites no negociables

Los límites NO NEGOCIABLES resultan imprescindibles para sentirnos seguros física y emocionalmente y necesarios para que la relación funcione. Están relacionados con nuestras necesidades, nuestros valores, nuestros principios y nuestra dignidad.

A pesar de que cada uno tiene los suyos propios, algunos límites no negociables deberían ser universales: la no violencia física o verbal, el respeto, la no coerción de la libertad o derechos y la sinceridad, por ejemplo. Estos son algunos de los límites en que nunca debemos ceder ni deberíamos sentarnos a negociar bajo ningún pretexto. Cuando se transgreden, las consecuencias deben ser contundentes e inmediatas.

Identificar los no negociables y mantenernos firmes es totalmente indispensable para establecer límites de forma eficaz. Saber qué es lo realmente importante para nosotros nos va a permitir ser más flexibles y tolerantes con aquello que no lo es tanto, alejándonos así del «limitismo».

Límites negociables

Los límites negociables son aquellos en los que sí podemos ser más flexibles porque, a pesar de estar basados en nuestras preferencias y deseos, no atentan contra nuestra integridad física o emocional, no comprometen nuestra dignidad y no se arraigan en nuestros valores o principios. Por tanto, nos dan margen para poder adaptarnos también a las necesidades y gustos de otras personas y mantener así un equilibrio equitativo en nuestras relaciones.

Cuando los límites negociables de dos personas no se

corresponden pueden negociarlos hasta llegar a un acuerdo consensuado entre ambos.

Tres pasos para reconocer nuestros límites

1. *Tomarnos un tiempo para pensar nuestros límites negociables y no negociables.*
   Recordemos que ser inflexibles en algunos puntos es lo que nos permitirá ser flexibles en otros, adaptarnos así a los demás, consensuar con ellos los códigos que sustenten nuestras relaciones y mantenerlas a pesar de las diferencias que existan.

2. *Detectar las relaciones donde no se respetan nuestros límites o nos cuesta más decir «no».*
   Para ello nos será útil analizar cada una de nuestras relaciones más cercanas para identificar en cuáles de ellas existen más dificultades para establecer o respetar los límites. Hay personas con las que se nos hace difícil defender nuestros derechos, bien porque son personas agresivas o manipuladoras, bien porque nos imponen tanto respeto que olvidamos el nuestro propio. Esto es común cuando algún patrón nos recuerda a alguien que fue muy impositivo con nosotros.

Por ejemplo, si de pequeños tuvimos un padre muy autoritario, es posible que las figuras que nos recuerden a él (hombre, mayor que nosotros, de carácter firme y seguros de sí mismo) nos hagan sentirnos pequeñitos y nos sea más difícil comunicar nuestros límites de forma asertiva o negarnos a sus peticiones. Por otro lado, también ocurre a la inversa: respetamos con más facilidad los límites de unas personas que de otras. Detenernos a pensar sobre esto y cuestionar si nosotros respetamos los derechos de los demás, sin diferencias (independientemente de que estos nos lo reclamen o no, sino por propia voluntad y moral), es uno de los ejercicios de autoconocimiento más difíciles de hacer, pues requiere de una gran capacidad de autoobservación y, sobre todo, de humildad, honestidad e inteligencia emocional.

3. *Identificar situaciones concretas donde nos cuesta más establecer límites o decir «no».*
Del mismo modo que comunicar nuestros límites o negaros nos resulta más difícil con unas personas que con otras, esto también ocurre en determinados contextos. Por ejemplo, suele sernos más complicado negarnos a algo cuando estamos en grupo y el resto de las personas lo aceptan (por presión gru-

pal) o dar una opinión negativa ante varias personas a diferencia de cuando solo hay un interlocutor. Saber identificar aquellas situaciones donde tenemos más dificultad para establecer nuestros límites nos será de utilidad para prestarles mayor atención y buscar soluciones concretas.

«Perdinancias»

Realmente, cuando establecemos límites para otras personas lo que hacemos es marcarnos un límite a nosotros mismos: nos decimos «esto es lo que voy a tolerar y esto, lo que no». Este primer límite tiene que ver únicamente con nosotros y debemos actuar en consecuencia para cuidarnos, protegernos y respetarnos. Esto significa que, a veces, tenemos que tomar decisiones que pueden ser dolorosas pero necesarias para nuestra salud mental y bienestar, como, por ejemplo, alejarnos de alguien o romper una relación.

Imagina que tienes una tienda de reparto de comida a domicilio. Al inicio de tu negocio decides estar disponible dieciocho horas al día para darle un impulso a tu pequeña empresa. Pasado un año, ya has logrado una cartera suficiente de clientes, ingresos estables y una buena calidad de la comida que preparas, pero te sientes totalmente agotado. Tomas la decisión de trabajar menos horas (pues ese ritmo no es sostenible y te impide pasar tiempo con tu pareja e hijos) y anuncias un recorte de tu horario: a partir de ahora ofrecerás tus servicios doce horas al día, en vez de dieciocho. En este momento, descubres dos tipos de clientes: los que empatizan contigo y entienden tu decisión y los que no empatizan y se indignan. La mayoría de las personas del primer grupo seguirá comprando tu comida; una minoría, si sus horarios son incompatibles con los tuyos, dejará de comprarte, pero continuará recomendándote y apreciando tu comida. Del segundo grupo, habrá quien, a pesar de su molestia inicial, termine aceptando que eres humano y tienes necesidades igual que él y siga comprándote, y habrá quien se sienta tan indignado que no volverá a ti. Los de este último grupo son aquellos clientes detestables; aquellos que toda persona que ha trabajado cara al público ha tenido que soportar y le han provocado ganas de llorar y de gritar; aquellos que te hablan con desprecio y exigencia; aquellos que, por alguna extraña razón, no creen que te deban ningún respeto y actúan como si tú hubieras nacido para servirles. Créeme, este tipo de clientes no te interesan: perderlos no es una pérdida, es una ganancia. A esto lo llamo «perdinancias», pérdidas que en realidad son ganancias.

En las relaciones personales pasa exactamente lo mismo: a veces, perder es ganar. Y aunque suene paradójico y al principio sea doloroso, necesitamos aprender a soltar a esas personas incapaces de respetar nuestros límites ni empatizar con nosotros. Debemos aceptar que no siempre podemos quedar bien con todo el mundo porque protegernos, cuidarnos y ser honestos con nosotros mismos no es compatible con llevarse bien con aquellas personas que nos tratan mal. Para priorizar nuestra salud mental, antes que contentar y complacer a esos individuos, necesitamos una sana autoestima. Si no aceptamos esto, seguiremos manteniendo abusadores a nuestro alrededor.

Así pues, experimentar algunas «perdinancias» cuando empezamos a poner límites es normal, pero esto no es más que una criba que sanea nuestro entorno social. Quizá al principio duela, pero sanará. Sin embargo, lo más habitual es que la mayoría de las personas que obtenían privilegios cuando no se los poníamos necesiten un tiempo para adaptarse y entender lo que está ocurriendo. Al inicio quizá se sientan molestas, confusas y desorientadas en esta nueva dinámica de la relación y puede, incluso, que se enfaden y nos recriminen haber cambiado y no ser como antes.

Y bien, de hecho, esa es la idea.

Pasado ese tiempo de adaptación y reflexión, las personas que nos amen sanamente, independientemente de entender o no nuestros límites, los aceptarán y respetarán o tratarán de negociarlos con nosotros.

Por tanto, debemos asumir también que en la primera etapa del establecimiento de límites lo más común es encontrarnos con acusaciones y caras largas, pero es necesario pasar por ahí y mantenerse firme en nuestro objetivo el tiempo suficiente para que los demás se adapten. Es, sin duda, la etapa más dura, pero cuando la superamos, ya todo va rodado.

9

ASERTIVIDAD Y ESTILOS DE COMUNICACIÓN

Somos lo que hacemos para cambiar lo que
somos.

Eduardo Galeano

¿Qué es la asertividad?

Por lo general, la asertividad se define como la habilidad
para expresar emociones, opiniones y pensamientos de
forma respetuosa con las emociones propias y de las otras
personas. Es decir, una manera de comunicarse suficientemente honesta, sin llegar a ser agresivos, a la vez que suficientemente amable, sin llegar a ser sumisos.

Esta definición atañe únicamente al aspecto comunicativo de la asertividad, podríamos decir que es el primer

nivel de asertividad. Sin embargo, existe un segundo nivel: SER una persona asertiva. Este nivel engloba muchas más habilidades y constructos que solo el modo en el que uno se expresa. Ser asertivo es una actitud, una manera de relacionarse con los demás y con uno mismo, de comportarse y de sentir y experimentar lo que nos ocurre. Es un estilo de vida en el que la honestidad, el respeto y el sentido de justicia influyen no solo en cómo nos expresamos, sino también en cómo actuamos y sentimos.

Así, es importante que diferenciemos entre tener conductas asertivas y ser personas asertivas. Mientras que lo primero concierne únicamente al aspecto comunicativo, lo segundo engloba tanto lo conductual como lo cognitivo y lo emocional.

¿Cómo podemos llegar a ser asertivos?

El «ser» siempre es mucho más complejo que el «comportarse como», sin embargo, el comportarse como puede convertirse en el camino que nos lleve al llegar a ser.

Uno de los factores que más influye y moldea nuestra forma de ser es la manera en que nos comunicamos. El lenguaje, que constituye uno de los aspectos principales de la comunicación, interviene determinantemente en nuestro modo de pensar, sentir, relacionarnos, interpretar y dar forma a nuestra realidad. De ahí que cobre tanta relevancia en todos los aspectos de nuestra vida personal y social.

El lenguaje es una potente herramienta que forja, destruye y construye realidades: lo que no se nombra no existe y lo que tiene nombre cobra realidad. Es por ello que en todas las luchas sociales que persiguen cambiar aspectos profundamente interiorizados en la cultura y la sociedad (por ejemplo, el machismo), uno de los elementos clave y más potente para fomentar el cambio de mentalidad es remodelar el lenguaje con el fin de concienciar a la masa social de todas las actitudes, creencias, acciones, leyes, instituciones, tradiciones y expresiones machistas que habíamos normalizado (y tantas que siguen estándolo).

Modificar el lenguaje individual de muchas personas modifica el imaginario colectivo y modificar el imaginario colectivo modifica lo que la sociedad percibimos como realidad. Así se cambian ideas, creencias, culturas y sociedades.

Del mismo modo, a la hora de trabajar en cualquier habilidad o aspecto psicológico, modificar el lenguaje resulta una potentísima y eficaz estrategia. Cambiar nuestra manera de expresarnos activa un efecto dominó psicológico: va generando una cadena de cambios cada vez más profundos y complejos, como la dinámica de nuestras relaciones, el concepto de nosotros mismos, nuestros pensamientos y hasta nuestras emociones.

Estilos de comunicación

Cuando se lleva a cabo un proceso terapéutico con el fin de modificar algún aspecto de nuestra conducta, el primer paso es conocer nuestro punto de partida, es decir, cómo estamos actuando, pensando y sintiendo (los tres elementos que mantienen la conducta) en el momento actual: el punto A.

Una vez que sabemos dónde nos encontramos, debemos saber adónde queremos llegar, es decir, nuestro objetivo: el punto B.

Para ir del punto A al punto B, trazaremos un plan de acción, esto es, nos marcaremos objetivos pequeños y concretos (submetas) con unos plazos determinados que nos vayan acercando progresivamente a nuestra meta final.

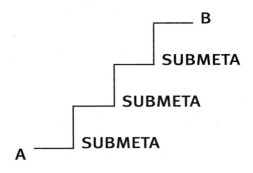

Nuestro punto B es ser capaces de establecer límites en nuestras relaciones de una forma sana y asertiva.

Nuestro punto A será diferente para cada individuo: cada uno de nosotros debe identificar cuál es su punto de partida, es decir, cuál es su estilo de comunicación. Una de las maneras más sencillas para precisar y clasificar los diferentes estilos de comunicación es el modelo de dos ejes, donde un eje horizontal representa en qué grado defendemos y respetamos nuestros propios derechos, y un eje vertical indica en qué grado defendemos y respetamos los derechos de las otras personas. Con este modelo podemos identificar tanto nuestro estilo comunicativo como el de las personas con quienes nos relacionamos.

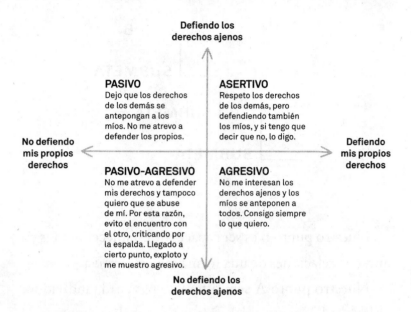

Así, identificamos cuatro estilos distintos de comunicación:

Estilo pasivo

No defiende sus propios derechos y prioriza y defiende los de los demás. No expresa verbalmente sus emociones y sentimientos por miedo, invalidándose a sí mismo, tiene la sensación de que lo que piensa o siente no es importante, teme la crítica o ser juzgado... Esto lo lleva a acumular tensiones, frustración y resentimiento. Suele sentir ansiedad, tristeza, culpa y rabia.

Suele utilizar palabras o frases del tipo: «No te preocupes», «No es importante», «Quizá», «Perdón» (muy continuamente), «No quiero molestar».

Su lenguaje no verbal se caracteriza por: mirada hacia abajo o huidiza; volumen de voz bajo; ocupa poco espacio; no gesticula con manos y brazos; postura cerrada.

Estilo agresivo

Defiende únicamente sus derechos y no respeta los de su interlocutor. Se expresa de forma hostil, sin tener en cuenta los sentimientos de los demás. Generalmente siente rabia, ira y odio.

Lenguaje verbal: «Deberías hacer...», «No tienes mucha idea de esto...», «Harías mejor si...», «Debes de estar bromeando».

Lenguaje no verbal: mantiene contacto ocular fijamente y con expresión dura; volumen de voz elevado; suele hablar rápidamente; ocupa bastante espacio (por ejemplo, se sienta con las piernas abiertas, invade el espacio personal de otras personas...); utiliza algunos gestos de amenaza como señalar con el índice mientras habla o dar golpes en la mesa; postura rígida y tensa.

Estilo pasivo-agresivo

No defiende sus propios derechos, pero trata de respetarlos por medio de mecanismos manipulativos para impedir que la otra persona imponga los suyos. Al no darse permiso para expresarse, siente rabia, frustración y sensación de injusticia que se traduce en manipulación (culpa, castiga o prepara su venganza) de forma hipócrita y poco honesta.

Suele utilizar palabras o frases del tipo: «Tú verás lo que haces...»; «Bueno, ya no te molesto más...»; «No, no me pasa nada, tranquilo...»; «Haz lo que quieras»...

Su lenguaje no verbal suele ser una mezcla entre el estilo pasivo y el agresivo, en función del momento y las personas con quien interactúa.

Estilo asertivo

Defiende y respeta sus derechos a la vez que los de los demás. Se comunica teniendo en cuenta las emociones y derechos asertivos tanto propios como ajenos, expresa de forma honesta sus opiniones, sin imponerlas ni invalidar las de los demás. Entiende que la libertad de uno termina donde empieza la del otro, y viceversa. Por ello, no confunde asertividad con el derecho a decir todo lo que se piensa de cualquier manera, ni libertad de expresión con el derecho a opinar sobre cualquier acción o persona cuando esa opinión no le ha sido demandada. Conoce bien la línea que separa una y otra cosa, es decir, actúa con respeto.

Suele utilizar palabras o frases del tipo: «Yo creo que...», «Me gustaría...», «Quiero», «Hagamos», «¿Cómo podemos solucionar esto?», «¿Qué opinas tú?», «¿Qué te parece?».

Lenguaje no verbal: mira directamente a los ojos con expresión tranquila y relajada, y no suele mantenerla fijada más de siete o diez segundos; su volumen de voz resulta perfectamente audible pero no elevado; suele gesticular con las manos y brazos, pero sin invadir el espacio de la otra persona; se comunica de forma fluida; su postura es abierta: hombros ligeramente hacia atrás, espalda recta, no suele agachar la cabeza y mantiene los brazos relajados cuando escucha.

Una vez que tengamos identificados nuestro punto de partida y nuestro objetivo final, podremos empezar a trazar el plan de acción para llegar de un punto al otro con éxito.

Pero antes de embarcarnos de pleno en ello, debemos tener en cuenta que uno de los puntos elementales de la psicología es que cada persona tenemos circunstancias y características distintas y funcionamos de diferente forma. Por eso, no existe una única vía que nos lleva de A a B, sino que cada uno de nosotros proyectará su propio camino en función de su punto de partida y sus individualidades. (Por eso, los libros de autoayuda que no contemplan este aspecto y tratan de imponer un único modelo para todo el mundo no funcionan). La persona que parte con un estilo de comunicación agresivo deberá dar pasos diferentes que alguien con un estilo pasivo. Alguien que requiere mucho tiempo para adaptarse a los cambios necesitará otros tiempos que alguien con una alta capacidad de adaptación. Alguien cuyos allegados lo castigan y manipulan continuamente tendrá que trabajar más en sus creencias y sentimientos de culpabilidad que quien recibe el apoyo de su familia en este proceso; etc. Las condiciones y características de cada uno son tan variadas como personas existimos en el mundo, por eso no es posible que una única receta nos sirva a todos.

Las bases de la asertividad

Los comportamientos asertivos se asientan, principalmente, en los diez derechos asertivos que hemos mencionado anteriormente y en una única obligación. Recordemos. Tenemos derecho a:

- Poder expresar nuestros sentimientos, emociones, pensamientos y necesidades;
- Ser tratado con respeto y dignidad;
- Manifestar desacuerdo;
- Decir «no»;
- Querer algo;
- No querer algo;
- Cambiar de opinión;
- Equivocarnos;
- Decidir sobre nuestra propia vida, nuestro cuerpo y nuestro tiempo, y
- Tener nuestro propio orden de prioridades
  Nuestra única obligación es:
- Respetar estos mismos derechos en los demás.

Pero como ya hemos comentado antes, la asertividad no consiste únicamente en tener la capacidad de comunicarnos de determinada manera, sino que requiere de un conjunto de habilidades, creencias, conductas y maneras de pensar y de sentir. Para llegar a ser personas asertivas es necesario haber trabajado algunas bases de nuestra personalidad que conforman la base de la asertividad.

Esta idea se entiende mejor con un modelo de iceberg:

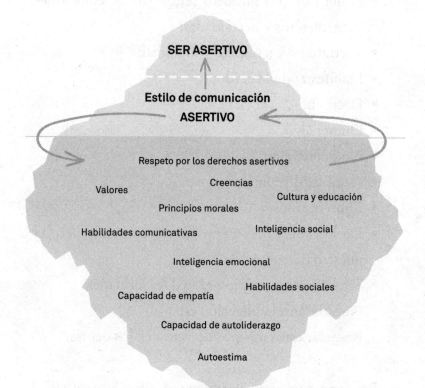

Lo que subyace en una auténtica asertividad son todos los elementos que se representan en la base del iceberg: valores, respeto por los derechos asertivos, creencias, principios morales, habilidades comunicativas, inteligencia emocional, inteligencia social, cultura y educación, habilidades sociales, capacidad de empatía, autoconocimiento, capacidad de autoliderazgo y, por supuesto, nuestra autoestima. Estos factores influyen en nuestra capacidad para comportarnos de forma asertiva. Por eso, el autoconocimiento es clave para lograr alcanzar esta y cualquier meta personal que nos propongamos. Conociendo todos estos aspectos de nosotros mismos, podremos identificar posibles sesgos o carencias que nos están dificultando ser asertivos. Un buen ejercicio es tratar de cuestionarnos cada uno de ellos sobre nosotros mismos.

Antes hemos hablado sobre ciertas creencias limitantes que nos hacen sentir culpables cuando damos prioridad a nuestras necesidades o deseos. Solo si identificamos este tipo de creencias podremos trabajarlas para que dejen de ser limitantes. Por eso, dedicar un tiempo a analizar qué creencias tenemos sobre nosotros mismos, las demás personas y el mundo y detectar si debemos deconstruir algunas y reconstruir en su lugar otras más sanas es un paso imprescindible para diseñar el camino que nos lleva de A a B.

Lo mismo ocurre con nuestros valores y principios morales: para ser personas asertivas es imprescindible que entre ellos se encuentren el respeto, la justicia y la amabilidad. Por tanto, reflexionar acerca de cuáles son nuestros valores y principios y comportarnos de forma íntegra es también necesario para ser asertivos.

Por otro lado, tener en cuenta la influencia de nuestra cultura y la forma en la que fuimos educados también nos ayuda a comprender nuestro estilo de comunicación; y comprenderlo nos facilita modificarlo.

Nuestro grado de inteligencia emocional, inteligencia social y las habilidades comunicativas y sociales con las que contamos son también factores determinantes. El conjunto de aptitudes que subyacen a estos constructos forma la base de la cognición y la capacidad para relacionarnos de forma asertiva. Por eso, conocernos en estos aspectos también nos revelará información importante para saber si debemos entrenar alguno de ellos.

El autoliderazgo es la capacidad de dirigir nuestros pensamientos y acciones. Esto nos permite poder decir que no a lo que queremos decir «no» y «sí» a lo que queremos decir que sí; actuar de forma íntegra con nuestros valores; decir honestamente lo que pensamos y sentimos; establecer límites cuando necesitamos hacerlo, etc. Observar si somos capaces de autoliderarnos nos revelará también si debemos trabajar más algunos de estos aspectos para alcanzar el nivel suficiente para ser asertivos.

Por último, en la base del iceberg encontramos nuestra autoestima: el cimiento de todos nuestros comportamientos, pensamientos y emociones. La autoestima está formada por nuestro autoconcepto, autoevaluación, autoaceptación y autorrespeto y modula toda nuestra vida. Trabajar en aquellos aspectos que pueden estar debilitándola y limitándonos es imprescindible para lograr ser realmente asertivos: una persona asertiva tiene, necesariamente, una autoestima sana.

En la superficie del iceberg encontramos dos niveles: tener un estilo de comunicación asertiva y ser asertivos. Una y otra cosa no son lo mismo: podemos tener un estilo comunicativo asertivo y no ser personas asertivas, aunque no es posible a la inversa.

Llegamos a ser personas asertivas cuando la comunicación asertiva trasciende a otros niveles y actuamos, pensamos y sentimos asertivamente.

Una persona que se comunica de forma asertiva, pero no es asertiva, sabe bien lo que «debe» decir, pero al hacerlo siente emociones desagradables. Por ejemplo, sabe que tiene derecho a decir que no, pero cuando lo hace se considera egoísta. Sin embargo, la persona asertiva, sabe y siente que tiene derecho a decir que no y, cuando lo hace, se muestra tranquila y sin ningún tipo de culpabilidad o sensación de egoísmo.

La persona con comunicación asertiva sabe que debe respetar que alguien no puede o no quiere hacerle un favor y responderá a ello asertivamente, pero se siente molesta cuando ocurre. Sin embargo, la persona asertiva sabe y siente que respeta totalmente que alguien no pueda o no quiera hacerle un favor y lo acepta sin más, sin juzgar ni sentirse ofendida.

La persona asertiva respeta los derechos asertivos, no solo desde el razonamiento, sino también desde sus emociones: siente que está actuando de forma sana, honesta, empática y justa; no se considera culpable, ni mala persona ni egoísta por ello; y reconoce los mismos derechos en los demás.

En resumen, para alcanzar la punta del iceberg de la asertividad, esto es, para llegar a SER personas asertivas, debemos necesariamente trabajar en los aspectos que conforman su base. El hacerlo nos permitirá tener un estilo de comunicación asertiva (primer nivel de la asertividad), lo cual provoca un efecto dominó de cambios en la manera de relacionarnos con los demás, que influye, a su vez, en la manera de relacionarnos con nosotros mismos y en todos los aspectos más profundos que conforman la base del iceberg. Esta retroalimentación entre la base del iceberg y el primer nivel de asertividad, sostenida durante un tiempo prolongado, nos lleva a alcanzar la cima del iceberg: convertirnos en personas asertivas de forma íntegra.

10

ESTRATEGIAS COGNITIVO-CONDUCTUALES PARA COMUNICAR LÍMITES DE FORMA EFECTIVA

En lugar de enseñarle a agradar, enséñale a ser sincera. Y amable. Y valiente. Anímala a decir lo que piensa, a decir lo que opina en realidad, a decir la verdad. [...] Dile que, si algo la incomoda, se queje.

CHIMAMANDA NGOZI ADICHIE

Ahora que hemos conocido la asertividad a nivel teórico, es momento de pasar a la acción.

Como en todo proceso psicológico, lo más eficaz para lograr mejorías es actuar tanto en el plano cognitivo como en el conductual. El cognitivo abarca nuestros procesos mentales y pensamientos. El conductual implica nuestros comportamientos. El enfoque cognitivo-conductual promueve cambios en nuestra manera de pensar e interpretar la realidad a la vez que implementa cambios en nuestras conductas. De esta forma, logramos cambios profundos y sostenidos en el tiempo.

En este capítulo nos centramos en aquellas estrategias cognitivo-conductuales que pueden mejorar nuestras habilidades asertivas.

Es normal que al principio nos resulte muy difícil llevar a cabo las tácticas que se explican a continuación, por eso es importante respetar el tiempo de entrenamiento, el tiempo de ensayo-error, donde se dan casi más errores que ensayos, pero necesarios para ir mejorando en nuestra meta. También nos encontraremos con emociones difíciles de gestionar, como el miedo, la culpa, la inseguridad o el rechazo de algunas personas a las que no les gustará que empecemos a establecer nuestros límites.

Las tres reglas de oro de la comunicación efectiva

A la hora de establecer límites o decir «no», debemos tener en cuenta tres reglas básicas:

Dice el refranero español: «A lo que has de negarte, niégate cuanto antes». Y no le falta razón, pues cuando alguien traspasa un límite o queremos decir que no, lo mejor es hacerlo cuanto antes y sin dar muchos rodeos. Esto es como arrancar una tirita: no hay forma de que no duela, pero cuanto más despacio lo hagamos, más doloroso será. Lo mejor es hacerlo con cariño, pero de un tirón, y listo.

La mejor manera de establecer límites y decir «no» es hacerlo con amor, pero de forma clara, firme y sin dar demasiadas explicaciones.

Cuando damos rodeos o tratamos de justificarnos demasiado, cometemos dos errores: por un lado, estamos sugiriendo entre líneas que el simple hecho de que no nos apetezca hacer algo o que nos molesten o dañen ciertos comportamientos no es motivo suficiente para decir «no» o marcar el límite; por tanto, nos invalidamos. Por otro lado, por cada explicación que ofrecemos a nuestro interlocutor, le damos la oportunidad de hallar una solución para continuar insistiendo, de manera que cuantas más explicaciones, mayor será la insistencia.

Ejemplo:

—¿Vamos a tomar unos tragos?

—Eh... bueno... esto... es que no tengo dinero.

—No te preocupes, ¡yo te invito! Ya invitas tú en la siguiente.

—Te lo agradezco, pero es que ya es un poco tarde.

—Tranquilo, tomamos una copa solo y nos vamos, no será mucho. ¡Vamos!

—Es que me espera mi mujer para cenar.

—Bueno, yo te pago el taxi después. Llegarás a la hora de cenar seguro.

—Ya... bueno... está bien...

Si, en vez de justificarnos o poner excusas, pronunciamos un «no» claro y firme, nuestro interlocutor no podrá ofrecer soluciones ni insistir.

Ejemplo:

—¿Vamos a tomar unos tragos?

—Hoy no me apetece, pero gracias. ¡En otra ocasión será!

Consecuencias proporcionales y congruentes

Un límite no es un límite si, cuando se traspasa, no hay ninguna consecuencia. Las consecuencias deben ir acorde al daño o a la gravedad de lo sucedido, es decir, tienen que ser proporcionales. No podemos actuar igual con alguien que llega tarde a nuestra cita (aunque sea por segunda o tercera vez) que con alguien que nos agrede física o verbalmente, por ejemplo. Traspasar este último límite es mucho más grave que el primero, por tanto, las consecuencias también deben ser más contundentes.

La otra condición necesaria de las consecuencias de un límite es que han de ser congruentes. Si hemos comunicado previamente el efecto que tendría traspasar un límite, siempre, siempre, siempre, deberemos cumplir con ello; si no, perderemos toda credibilidad y estaremos transmitiendo el mensaje de «puedes hacer conmigo lo que quieras». Por ello, si decidimos anunciar las consecuencias, debemos estar seguros de que lo podremos cumplir.

A la tercera va la vencida

Cuando se trata de aceptar favores o ceder en algunas situaciones, debemos tener en cuenta esta regla: a partir de la tercera ocasión consecutiva en que algo sucede de una manera determinada, se empieza a dar por hecho que eso debe de ser así y, en el momento en que dejemos de hacerlo, se percibirá como algo injusto. Esto no ocurre cuando nos negamos desde las primeras ocasiones.

Por ejemplo, cuando Juan consiguió un nuevo empleo, uno de sus compañeros le preguntó si podía ayudarle a terminar de pasar unos datos a un programa de la empresa. Juan aceptó acabar la tarea de su compañero pues, aunque ya tenía bastante faena poniéndose al día en su nuevo puesto de trabajo, no quería quedar mal con sus compañeros. A la semana siguiente, la misma persona volvió a pedirle el mismo favor, a lo que Juan, por el mismo motivo, aceptó. A la tercera semana, este mismo compañero se lo pidió de nuevo, y Juan dijo que sí. Juan ya estaba un poco cansado de tener que terminar el trabajo de su compañero y se había propuesto negarse la próxima vez que le pidiera el favor. Pero para su sorpresa, su compañero solo le dijo: «Juan, te dejo los datos encima de tu mesa. ¡Gracias! ¡Nos vemos el lunes!».

Dio por hecho que Juan acabaría su tarea porque ya se había convertido en la norma, en un hábito. Esto angustió mucho a Juan porque ahora se le hacía aún más difícil negarse a hacer más ese trabajo, el cual no le tocaba. Sin embargo, se armó de valor y, a la semana siguiente, cuando de nuevo su compañero le dio los datos para que los pasara al programa, le dijo que, lamentándolo mucho, no podía encargarse más de esa tarea puesto que le estaba quitando tiempo para alcanzar sus propios objetivos. El compañero respondió amablemente: «ah, tranquilo, no pasa nada»; y desde entonces, nunca más volvió a dirigirle la palabra más que para saludar y despedirse cordialmente.

Aunque, indiscutiblemente, su compañero era un caradura y Juan actuó con buenas intenciones, este cometió el error de haber aceptado en más de tres ocasiones seguidas terminar la faena de aquel sin, ni siquiera, expresarle la dificultad que eso le estaba suponiendo o aclarar que podía hacerlo de forma puntual, pero no comprometerse a ello. Cuando Juan le dijo que no podía continuar, el compañero lo percibió como si se negara a algo a lo que sí se había comprometido.

No cabe duda de que quien hizo una mala interpretación de la situación fue el compañero de trabajo, pero sin entrar a valorar quién lo hizo mal o bien, este tipo de situaciones se dan en nuestra vida cotidiana y nosotros podemos hacer algo para evitar llegar a la situación de Juan. Podemos negarnos a hacer el favor antes de la tercera vez consecutiva que nos lo piden, o, si decidimos aceptarlo, aclarar que no vamos a poder hacerlo siempre.

La estrategia del «como si»

Como hemos dicho, cuando practicamos un estilo de comunicación asertivo, provocamos cambios positivos en aspectos más profundos de nosotros mismos y generamos así una retroalimentación positiva. Recorrer el camino del cambio en este sentido (de la conducta a lo profundo) es mucho más sencillo que hacerlo a la inversa (de lo profundo a la conducta); por eso, los profesionales de la salud mental utilizamos este recurso muy a menudo para modificar complejos aspectos de la personalidad y el comportamiento.

La técnica consiste en actuar como si ya fuéramos una persona asertiva para lograr convertirnos realmente en una persona asertiva, cosa que ocurre gracias al mecanismo de retroalimentación que hemos comentado anteriormente. No obstante, hago un paréntesis para apuntar que esta consigna no sirve para cualquier punto de nuestra personalidad o conducta que queramos cambiar, debe interpretarse con sentido común (y eso se lo dejo a cada lector), pero sí es una técnica que sirve para mejorar muchos aspectos psicológicos.

Así pues, empezar a actuar como si fuéramos una persona asertiva (amable/atractiva/segura de sí misma/elocuente, etc.) nos acerca a convertirnos en ello; pero, para que tenga éxito, es necesario poner en práctica una estrategia concreta.

El método para llevar a cabo la estrategia del «como si» consiste en dividir por niveles la conducta asertiva (o la habilidad que queramos trabajar) e ir escalando de forma progresiva hasta alcanzar nuestro objetivo. Para ello, primero dividimos la conducta asertiva en siete habilidades sociales básicas:

- Capacidad de decir «no»;
- Capacidad de aceptar un «no»;
- Capacidad de pedir favores y peticiones;
- Capacidad de rechazar favores y peticiones;
- Capacidad de expresar sentimientos y opiniones positivas y negativas;
- Capacidad de respetar sentimientos y opiniones positivas y negativas, y
- Capacidad de iniciar, mantener y cerrar conversaciones.

A continuación, se determinan distintos niveles en función de las habilidades adquiridas: nada asertivo, poco asertivo, medianamente asertivo y asertivo.

Asertivo: se llevan a cabo todas las capacidades de forma frecuente.

Medianamente asertivo: existen dificultades para una o dos capacidades o solo se dan en algunas ocasiones, pero no en otras.

Poco asertivo: existe dificultad para llevar a cabo entre tres y cinco capacidades o pocas veces se adquieren.

Nada asertivo: dificultades para alcanzar más de cinco capacidades o casi en ninguna ocasión.

A partir de estas definiciones, podemos identificar en qué nivel nos encontramos e iniciar el método de la siguiente manera:

1. Nos situamos en el nivel en que nos hallamos ahora mismo (por ejemplo: poco asertivo).
2. Reconocemos aquellas capacidades que nos cuestan (por ejemplo: decir «no»; aceptar un «no»; pedir favores y peticiones; rechazar favores y peticiones, y expresar sentimientos y opiniones positivas y negativas).
3. Escogemos una (o dos) de las capacidades y nos marcamos objetivos diarios que deberemos cumplir durante, idealmente, dos semanas. Por ejemplo:

– Voy a responder con un «no» diario a las peticiones que me planteen durante dos semanas.

– Durante las próximas dos semanas, cada vez que reciba un «no», voy a darme el tiempo necesario para interpretarlo teniendo en cuenta los derechos asertivos para elaborar un discurso interno más respetuoso y comprensivo ante el «no». Para ello, es recomendable guardar a mano un pequeño calendario o una tabla de objetivos donde vayamos anotando cada día el objetivo que hemos llevado a cabo y nuestras emociones o reflexiones al respecto.

4. Después de dos semanas trabajando en esos objetivos, escogemos otros dos y repetimos el procedimiento (sin dejar de llevar a cabo los que ya hemos trabajado). Así, hasta abarcar todas las capacidades. Es importante que, a medida que trabajamos en los objetivos, vayamos escribiendo cómo nos sentimos, los cambios que percibimos y los razonamientos que se van desprendiendo según nuestra conducta cambie. Esto nos servirá como guía para saber qué factores podrían necesitar de más entrenamiento o atención.

5. Una vez trabajadas de esta forma todas las capacidades, volveremos a autoevaluarnos para ver cuáles

de ellas consideramos bien asumidas y cuáles sentimos que no terminamos de alcanzar. Aquellas que más nos cuesten son las que nos implican emociones más difíciles de gestionar, y deberemos cuestionarnos qué creencias las pueden estar sosteniendo.

6. Mantendremos las conductas llevando un registro de pensamientos, emociones, dificultades que encontramos, conflictos que nos generan, etc. Este trabajo nos servirá para ir pasando poco a poco del plano conductual al plano cognitivo y emocional; trabajando en el conjunto de todos los aspectos necesarios para llegar, primero a comunicarnos de forma asertiva, para después poder convertirnos en personas asertivas.

La estrategia del mapa mental

Hay dos conceptos que nos van a resultar tremendamente útiles para establecer límites de forma asertiva y, sobre todo, eficaz: mapa mental y empatía.

Recordemos el concepto de mapa mental. Cada persona tiene un mapa mental sobre el mundo, sobre sí mismo y sobre los demás, que es único, personal y subjetivo. El mapa mental se elabora a partir de la educación, la genética, la cultura, las experiencias, las creencias, los valores, las ambiciones, las expectativas, los rasgos de personalidad y las emociones de la persona en cuestión. Entender esto implica aceptar que cada individuo interpreta la realidad a su manera y, conforme a ella, construye su verdad, que no es la única, pero sí «su» verdad.

Así pues, a pesar de estar en desacuerdo con alguien que defiende una verdad que no coincide con la nuestra, recordar esta premisa y tratar de actuar de acuerdo con los derechos asertivos puede ayudarnos mucho (sobre todo cuando se trata de personas a las que apreciamos). De igual modo, debemos exigirle al otro que muestre el mismo respeto por nosotros y nuestra verdad.

Cuando asumimos que cada uno de nosotros tiene un mapa mental único y subjetivo, podemos evitar el error que casi todos cometemos: tratar al otro como nos gustaría que nos trataran a nosotros, en vez de tratarlo como le gustaría que lo trataran a él. Entramos aquí en el concepto de empatía. La empatía suele definirse como la capacidad para ponerse en el lugar del otro y actuar con él como desearíamos que actuaran con nosotros. Este concepto de empatía es errado ya que implica ponernos en el lugar del otro, pero manteniendo nuestro propio mapa mental, y no desde el mapa mental de la otra persona. Esto resulta muy poco útil. Ponerse en el lugar del otro conlleva necesariamente ver el mundo desde su mapa mental, lo que nos permitirá desarrollar verdadera empatía. Comprender esto nos supondrá una enorme ventaja a la hora de relacionarnos con cualquier persona. Conocer el mapa de con quien interactuamos nos facilita la comunicación, entender su razonamiento y sus conductas desde el no juicio, nos predispone a tener una actitud de escucha para entender y no para atacar, y nos permite llegar a consensos con ella más fácilmente.

Del mismo modo, cuando queremos establecer límites a alguien, tener esto en cuenta nos resultará tremendamente útil porque podremos hacerle entender la necesidad de los mismos utilizando términos de su propio mapa mental. Esta estrategia es de las más eficaces que existen en comunicación efectiva ya que las personas, en realidad, solo cambian si sienten en su interior la urgencia de hacerlo, es decir, si hay una motivación interna; de lo contrario, ese cambio no será real ni se sostendrá durante largo tiempo. Mediante esta estrategia fomentaremos su motivación a realizar un verdadero cambio en su conducta y a sostenerlo en el tiempo.

Ahora bien, no recomiendo hacer este esfuerzo titánico de empatía con todas las personas a las que queremos marcar un límite, pues, en general, su deber es respetarlo, sin mayor explicación o necesidad de entenderlo, y, en caso de no querer hacerlo, debería alejarse sin más (o tomar nosotros la decisión de alejarnos). Pero cuando se trata de relaciones con personas con las que no resultaría tan fácil distanciarnos (padres, madres, hijos, familia política, compañeros de trabajo, etc.), explicar el porqué de nuestros límites en términos de su mapa mental (en especial, cuando se trata de niños y adolescentes) resulta una estrategia sumamente astuta y eficiente.

Analizar las intenciones del otro

Cuando conocemos el mapa mental, podemos llegar a comprender por qué alguien actúa como actúa, y en función de ello, estableceremos los límites de una forma u otra.

Tener en cuenta la intencionalidad de la persona al hacer algo que nos ha molestado es un punto importante. Del mismo modo que no reaccionaríamos igual ante un pisotón que nos dan sin querer a un pisotón dado con alevosía, tampoco reaccionaremos igual ante un límite sobrepasado «sin querer» o «sin intencionalidad» que ante uno traspasado «a conciencia».

Cuando alguien dice o hace algo que nos molesta, considerar su mapa mental puede ayudarnos a encontrar distintas explicaciones a su comportamiento y determinar sus intenciones.

Recuerdo que, en una ocasión, vino un amigo colombiano a visitarme a Barcelona. Tras pasar unos días en la ciudad, lo llevé a conocer el norte de la península. En Donosti, me lo llevé de cañas y conocimos a unos tipos vascos muy majos. Mi amigo contó una anécdota, cuando le atracaron unos delincuentes y pudo librarse de ellos haciendo uso de su astucia. Uno de los vascos le dijo: «¡Ahí va la hostia, qué hijo de puta, jajaja!», riéndose sorprendido por la gran sagacidad que mostró mi amigo en la situación que nos relató. A mi amigo colombiano le cambió la cara y, dirigiéndose a mí, con una expresión de entre incredulidad e ira, me preguntó: «¡¿Me llamó hijueputa?!». Al momento, me apresuré a explicarle qué significado tenía esa expresión en ese contexto, es decir, que la intención del vasco era alabar su reacción ante el atracador a modo de admiración. Mi amigo había interpretado esas palabras desde su propio mapa mental, esto es, como un insulto ordinario y descarado, y no desde el mapa mental del chico vasco.

A punto estuvo esa confusión de generar una acalorada discusión, y es que los malos entendidos en la comunicación son el origen de muchas batallas. Por eso, conocer el mapa mental de la persona con la que estamos hablando puede ahorrarnos muchos conflictos y darnos explicaciones acerca de la intención de sus palabras o actos. Esto nos permitirá, por un lado, no tomar sus acciones o palabras como algo personal, sino como resultado de su forma de ver e interpretar el mundo y, por otro, modular nuestra reacción en función de si la intención era positiva o negativa.

11

ESTRATEGIAS DE COMUNICACIÓN EFECTIVA PARA ESTABLECER Y NEGOCIAR LÍMITES

En una negociación funciona la diplomacia;
la diplomacia es que los demás hagan lo que
nosotros queremos que hagan, y que, además, lo hagan agradecidos.

DALE CARNEGIE

Algo más que asertividad

A medida que vayamos entrenándonos en las técnicas cognitivo-conductuales, sentiremos como nos es más sencillo expresarnos de forma asertiva. Sin embargo, para que establecer límites resulte realmente eficaz, no nos sirve únicamente con la asertividad, sino que debemos aprender además estrategias específicas de comunicación efectiva, programadas lingüística y gestualmente para transmitir confianza, firmeza y respeto. Sin ellas, el establecimiento de límites puede suponer más bien un deterioro para nuestras relaciones que un beneficio. Pongamos un ejemplo.

Sonia y Paula trabajan juntas en el mismo equipo comercial de la empresa y necesitan mantener mucha comunicación durante el día. Sonia es una persona muy cercana y cariñosa; cuando habla con alguien suele acercarse bastante, incluso hasta el contacto físico, y, en ocasiones, por su espontaneidad, interrumpe sin darse cuenta a su interlocutor para expresar sus opiniones. A Paula, que es más bien introvertida, reflexiva y a la que le gusta mantener las distancias, le molesta bastante que la gente la toque mientras conversan y le fastidia aún más que no la dejen terminar de hablar cuando está exponiendo sus ideas.

La manera en cómo Sonia se comunica con Paula hace que esta se irrite cada vez más e incluso está empezando a experimentar ansiedad cuando va al trabajo.

Un día, Paula no puede más. Ha leído en un blog de psicología que establecer límites es necesario y muy positivo, por lo que ha pensado en decirle a Sonia que le incomoda esa forma suya tan invasiva de comunicarse con ella, que le resulta exasperante que le toque el brazo y que le parece de muy mala educación que la interrumpa cuando ella está hablando.

Es cierto que Paula estaría estableciendo un límite de forma asertiva: no le está faltando al respeto a Sonia, no la juzga y, además, está expresando su queja en forma de opinión personal y no a modo sentenciador. Sin embargo, probablemente el efecto de trasladar su mensaje como lo ha hecho generará tensión entre ellas y dificultará que sigan trabajando de forma fluida y con buena actitud. En resumen, Paula ha establecido sus límites de forma asertiva, pero no con eficacia.

Cuando no sabemos comunicar de forma asertiva y eficaz nuestras emociones o pensamientos, las únicas maneras de hacerlo que se nos ocurre suelen ser poco amables o incluso groseras. Esto nos lleva, o bien a callarnos y reprimir nuestras emociones porque no queremos sonar maleducados, o bien a comunicarlas tal y como se nos ocurre. Cuando suprimimos una expresión emocional, lejos de reducir su intensidad, esta se intensifica, activando así nuestro sistema límbico en exceso. Cuando esto sucede, esa sobrecarga empieza a buscar vías para salir y, o bien explotamos como una olla a presión, o bien experimentamos un ataque de ira o ansiedad, o bien lo psicosomatizamos. Por otro lado, si las comunicamos de la primera forma que se nos pasa por la mente y esta no es asertiva, podemos hacer daño y deteriorar nuestras relaciones. Evidentemente, ni una ni otra opción son positivas.

Las fórmulas de asertividad, estrategias de comunicación efectiva y claves de comunicación no verbal nos ayudan a expresar nuestros límites de tal forma que pueden ser recibidos por los demás de manera amable y respetuosa, lo que conlleva a una mayor aceptación. La amabilidad y el respeto, junto con una comunicación no verbal firme y serena, son elementos clave de la persuasión de estas técnicas, por lo que no debemos olvidarlas nunca si queremos usarlas de forma realmente eficaz.

A lo largo de los siguientes capítulos vamos a hablar de algunas de las estrategias más eficaces que han dado a conocer expertos de la comunicación, lingüistas y psicólogos.

La comunicación no verbal

La comunicación no verbal supone entre un 65 y un 80 por ciento de la información que transmitimos. Expresamos mucho más con nuestros gestos y expresiones faciales que con las palabras. Todo lo que hacemos o dejamos de hacer da información sobre nosotros: de nuestro estado de ánimo, nuestras emociones, nuestra personalidad, nuestra actitud, nuestras motivaciones, nuestras preferencias, lo que aprobamos o rechazamos... e incluso de nuestra autoestima. Podemos dejar de comunicar verbalmente, pero nunca dejamos de expresarnos a través de los canales no verbales: la mirada, la postura corporal, el uso de las manos, las expresiones faciales, la velocidad de nuestros movimientos...

La comunicación no verbal, además de expresar un sinfín de aspectos sobre nosotros mismos, también sirve para provocar conductas, actitudes y estados de ánimo en otras personas.

Recuerdo una ocasión en la que llegué exhausta de un viaje larguísimo en el que me había ocurrido de todo. Me habían robado el teléfono donde tenía el billete de autobús, tuve que comprar otro mucho más caro que el que ya había comprado, salí mucho más tarde de lo que tenía previsto y, para colmo, la carretera que llevaba a mi destino estuvo cortada durante horas porque un derrumbamiento había provocado un accidente.

Cuando llegué a mi destino, con un humor de perros, me metí en el primer hostal que vi abierto a esas horas de la noche, con el único deseo de tumbarme en una cama hasta el día siguiente. Entré con cara de hastío y, saltándome todo protocolo de cortesía, espeté un frío y descortés:

«Hola, quiero una habitación». En contraposición, la persona que me recibió esa noche en la recepción del hostal fue una de las personas más amables que jamás he conocido. Jorge, así se llamaba el señor, lejos de atenderme con la misma actitud con la que yo me dirigí a él, respondió con la mejor de las disposiciones: una sonrisa cálida, un tono de voz afable y una amabilidad que desbordaba por los cuatro costados. En el breve tiempo que tardó en gestionar mi reserva hizo que mi estado de ánimo cambiara por completo. Cinco minutos bastaron para que su actitud positiva se me contagiara e hiciera que me sintiera mucho mejor y, por supuesto, que también tuviera un trato más amable con él y con el resto de los allí presentes. Tanto fue así que, al día siguiente, cuando me di cuenta de que había habido un error con el cobro de mi reserva, mi actitud fue mucho más indulgente que lo que hubiera sido con cualquier otra persona.

Y es que, las personas que transmiten amabilidad y confianza (y eso solo se consigue si hay una comunicación no verbal que lo exprese) logran que las demás también tengan una actitud similar hacia ellos.

Aunque tener una comunicación no verbal que transmita amabilidad, confianza y simpatía puede resultar muy útil para gran parte de nuestra vida; lamentablemente no siempre es así. Hay momentos en los que debemos trasladar otro tipo de mensajes no verbales como respetabilidad, firmeza y autoridad.

Parte de una comunicación efectiva de los límites consiste en saber distinguir en qué momentos y de qué manera debemos expresarnos de una forma u otra. Cuando existe una incongruencia entre lo que decimos y lo que expresamos a través de los canales no verbales, lo que impera es lo que transmitimos por estos últimos. Por tanto, a la hora de comunicar nuestros límites, por mucho que nuestro mensaje verbal sea claro, si no lo respaldamos con una comunicación no verbal que se traduzca en seguridad, firmeza, credibilidad y cierta autoridad, no calará en nuestro interlocutor. Si con palabras decimos «no voy a tolerar que me faltes al respeto», pero nuestra postura es encogida, nuestra voz es quebradiza, hablamos a un volumen casi imperceptible y esquivamos la mirada de la persona a la que nos estamos dirigiendo, podemos tener por seguro que esta no nos va a tomar en serio porque lo que en realidad estamos comunicando es: «si me sigues faltando al respeto, no va a haber ninguna consecuencia, porque tengo miedo de lo que vayas a pensar de mí y porque ni yo mismo me creo merecedor de respeto». Cuando el mensaje verbal no coincide con el no verbal, las personas creerán a este último. Por eso, para exigir respeto, necesitamos saber transmitir respetabilidad. Si queremos despertar confianza, necesitamos saber transmitir confianza y si queremos que nos den crédito, necesitamos saber transmitir autoridad.

En cada una de las estrategias que se irán explicando a continuación se hará referencia a cómo acompañarla con un lenguaje no verbal apropiado que reafirme lo que estamos comunicando verbalmente.

Escucha activa

Un buen comunicador es, ante todo, un buen oyente. Para poder negociar límites y llegar a acuerdos que nos sean útiles con nuestro interlocutor debemos, primero, aprender a escuchar para ser capaces de:

- comprender los motivos de la otra persona;
- conocer su mapa mental;
- construir argumentos basados en la información y los valores del mapa mental de nuestro interlocutor y lograr, de esta manera, que sean más comprensivos para él, y
- fomentar la predisposición emocional y cognitiva en el otro para que pueda comprender nuestros motivos.

Cuando una persona siente que su interlocutor lo escucha con intención de comprenderlo (y no de contraatacar), su sistema emocional y las estructuras cerebrales que regulan su conducta social lo mantienen en una actitud tranquila, de confianza y con una disposición mentalmente abierta, condición necesaria para llegar a acuerdos y soluciones en cualquier conflicto. Cuando, por el contrario, sentimos que el otro no nos presta atención y únicamente quiere exponer sus argumentos sin ni siquiera tratar de entender los nuestros, entramos en actitud defensiva e incluso de ataque. Al llegar a este punto, la conversación ya no irá dirigida a encontrar un consenso, sino que cada individuo tratará de defender su postura a capa y espada, y el objetivo de cada uno, en vez de ser encontrar una solución, será tener la razón. Esto bloqueará completamente el proceso de negociación de límites y la búsqueda de consenso.

La escucha activa fomenta lo que en neuropsicología llamamos la flexibilidad cognitiva, una de las capacidades cerebrales más complejas que nos permite contemplar una situación desde una perspectiva diferente a la habitual y adaptarnos con rapidez a los cambios que requiere el ambiente. Es decir, que nos faculta para adaptarnos sin mucho esfuerzo a las demandas de la vida y de la supervivencia (ni más ni menos que la capacidad adaptativa que describió Charles Darwin en su teoría de la evolución de las especies, pero llevado al campo de la psicología).

Sin embargo, esta capacidad no solo es útil para negociar límites, sino que, a mayor capacidad de flexibilidad cognitiva de una persona, mayor es su capacidad para razonar de forma creativa y no convencional ante cualquier situación, lo que le facilita solucionar problemas de forma rápida y eficaz en cualquier ámbito de su vida (Diamond, 2012, 2013; Korzeniwski, 2018).

Las personas mentalmente flexibles son las que encuentran soluciones a cada imprevisto que se les presenta en la vida sin amargarse ni condicionar el resto de su día por esos pequeños problemas cotidianos que surgen en nuestra rutina diaria. De modo que, si queremos ser ese tipo de personas, una de las mejores maneras de entrenarnos para ello es escuchando activamente a nuestros interlocutores sin atacar, en especial cuando tienen posturas totalmente contrarias a las nuestras.

Estrategia del walkie-talkie

Llevar a cabo la escucha activa es tan sencillo que resulta difícil comprender por qué a los humanos nos cuesta tanto hacerlo, puesto que únicamente consiste en callar y escuchar. Una estrategia que puede facilitarnos, aún más si cabe, ponerla en práctica consiste en comunicarnos del mismo modo que lo haríamos con un walkie-talkie. Esta táctica, además, elimina el principal factor que causa los fallos en la comunicación: interrumpir.

Así pues, podemos llevar a cabo la estrategia del walkie-talkie del siguiente modo:

> Mientras uno habla, el otro escucha en silencio y tratando de comprender lo que dice el otro. Hasta que uno no termine de hablar, el otro no puede hacerlo porque, como pasa cuando nos comunicamos por walkie-talkie, se cortaría la comunicación y no escucharíamos la información completa.
>
> Cuando uno termine, hacemos una breve pausa antes de responder para asegurarnos de que la otra persona ha terminado realmente de hablar y, a la vez, demostrarle que estamos considerando su mensaje atentamente, en vez de lanzarnos al contraataque rápido.
>
> Entonces es nuestro turno para hablar y el otro, para escuchar activamente. No tiene más secreto.

Parafraseando

Cuando la otra persona termine de hablar, podemos hacer una pregunta parafraseando la idea principal para asegurarnos de que lo hemos entendido correctamente. Por ejemplo: «Entonces, si he entendido bien... *[exponer la idea que hemos entendido]*. ¿Es así?». De esta forma confirmamos haber entendido bien el mensaje y además demostramos que hemos estado escuchando atentamente, lo que promueve una actitud más tranquila y pacífica en nuestro interlocutor.

El detector de mentiras

Una de las mayores ventajas de escuchar activamente es que desarrollamos la capacidad de apreciar mejor señales verbales y no verbales incongruentes, es decir, nos convertimos en expertos detectores de mentiras. Cuando sospechamos que alguien no nos está diciendo totalmente la verdad, guardar silencio por tres segundos mientras mantenemos contacto ocular con él hará que su reacción lo delate. Si mintió, empezará a dar más explicaciones, cambiará de versión o se mostrará inquieto.

Comunicación no verbal en la escucha activa

- Mantener contacto ocular. No hay nada que demuestre mejor el desinterés que mirar hacia otro lado cuando nos hablan, por tanto, debemos mantener la mirada en nuestro interlocutor para, no solo prestarle toda la atención, sino también para hacerle saber que le estamos prestando toda la atención.

- Postura erguida dirigida hacia él/ella. Mantener la espalda recta y el cuerpo en dirección a quien nos habla transmite que estamos atentos a lo que nos dicen.

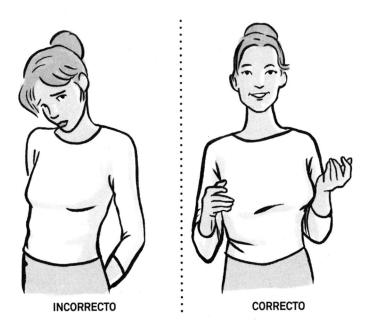

INCORRECTO : CORRECTO

- Pies y piernas en dirección al interlocutor indica interés en la conversación. Por el contrario, cuando alguien dirige sus pies hacia un lado (especialmente hacia una salida), indica incomodidad o deseo de irse.

MENSAJES TIPO YO...:

Yo me siento...
+ cuando tú...
+ Podrías...

El error más común que cometemos las personas al expresar nuestro enfado con otro es culpabilizarlo a él de nuestro enojo, y esto tiene una consecuencia inmediata: que el otro se ponga a la defensiva. Cuando esto ocurre, el fracaso de la comunicación está garantizado, pues en vez de remar ambos hacia la misma dirección para encontrar soluciones, cada uno remará hacia su lado para tener la razón.

Para evitar este error tan común tan solo tenemos que utilizar esta estrategia, que consiste en cambiar los «mensajes tipo tú» por «mensajes tipo yo» y proponer una solución. Esta es una herramienta muy práctica a la hora de establecer límites o pedirle a alguien que altere su conducta porque promovemos que él mismo sienta la necesidad de llevar a cabo ese cambio y no la necesidad de defenderse. Esta es la única manera de que alguien modifique su comportamiento realmente y lo sostenga en el tiempo. Las imposiciones, las amenazas y los chantajes no son eficaces.

Los mensajes tipo tú se construyen focalizándose en la persona que realiza la acción y la responsabilizan de los sentimientos que nosotros sentimos. Suelen emitir un juicio, una crítica o desaprobación de la persona, en vez de hacerlo únicamente sobre la acción en sí. Esto genera sentimientos de culpa, humillación o infravaloración, lo cual provoca sensación de amenaza hacia el autoconcepto o autoestima de la persona a quien va dirigido el mensaje. Ante esto, resulta inevitable que el receptor adopte una postura defensiva y trate de defenderse justificándose, contraatacando y oponiendo resistencia a cambiar su conducta. Este efecto se multiplica cuando en el mensaje se utilizan generalizaciones o términos rotundos como «siempre...» o «nunca...». Cuantos más mensajes tipo tú utilicemos más probabilidades hay de terminar en una discusión sin posibilidades de éxito.

Por otro lado, los mensajes tipo yo se centran en uno mismo y se basan en expresar honestamente y sin juicio lo que pensamos o sentimos ante un comportamiento. Hablan de la acción y no de la persona que la lleva a cabo. Cuando nos referimos solamente a los hechos, y no a su autor, el receptor no interpreta el mensaje como un juicio, desaprobación o crítica a su persona, por lo que no siente la necesidad de contraatacar, justificarse o resistirse al cambio de conducta para preservar su autoestima o autoconcepto.

Los mensajes tipo yo se formulan con «Yo siento que...», «Yo creo...», «Me siento...», «Yo opino...». Al utilizar esta fórmula hablamos desde la absoluta subjetividad: no sentenciamos, no juzgamos y no imponemos nuestro punto de vista como verdad absoluta, pero exponemos abierta y sinceramente cómo nos sentimos ante los hechos. Esto hace que los mensajes tipo yo sean muy influyentes y persuasivos, facilitando que nuestro interlocutor nos comprenda mejor, lleguemos a consensos y esté motivado a un cambio de conducta.

El tercer elemento en la ecuación de los mensajes tipo yo es la propuesta de una solución o expresar lo que nos gustaría. Así, algunos ejemplos de mensajes serían:

- Me siento triste cuando no recuerdas las cosas importantes que te he contado... Me gustaría que prestaras más atención cuando te cuento las cosas que me preocupan.
- Creo que no has tenido en cuenta mis sentimientos. ¿Podrías pensar cómo puede hacerme sentir esto la próxima vez que te encuentres en esa situación?
- Siento que me tratas con soberbia cuando me hablas de ese modo, y eso me duele. ¿Podrías hablarme en un tono menos condescendiente?
- Me siento ignorada cuando contestas mensajes por el móvil mientras te hablo. ¿Puedes dejarlo a un lado mientras estamos teniendo esta conversación?
- No me siento respetada cuando te comportas así conmigo. Me gustaría que no volvieras a hacer eso.

	MENSAJES TIPO TÚ	MENSAJES TIPO YO
OBJETO	Se focalizan en el otro (en el tú).	Se focalizan en nosotros mismos (en el yo).
ACCIÓN	Responsabilizan al otro de nuestros propios sentimientos.	Hablan del efecto que tienen las acciones del otro en nosotros.
QUÉ COMUNICAN	Juicio Crítica Desaprobación de la persona Sentencia Imposición	Honestidad y sinceridad de nuestros sentimientos ante una situación o acción.
QUÉ GENERAN	SENTIMIENTOS DE: Culpa Humillación Infravaloración Amenaza a la autoestima y autoconcepto	NECESIDAD DE: Autoevaluación Autocuestionamiento Autorrevisión Ayudar al otro
CONSECUENCIAS	Necesidad de defenderse contraatacando, justificándose u oponiendo resistencia al cambio	Apertura al cambio Reducción de resistencia Consensos
EJEMPLOS	Nunca me escuchas.	⇧ Me siento triste cuando no recuerdas las cosas importantes que te he contado.
	Eres un desconsiderado.	⇧ Creo que no has tenido en cuenta mis sentimientos.
	Eres un arrogante.	⇧ Siento que me tratas con soberbia cuando me hablas de ese modo, y eso me duele.
	Me decepcionas.	⇧ Me siento decepcionada cuando actúas de ese modo.
	Eres una maleducada; deja de contestar mensajes mientras te hablo.	⇧ Me siento ignorada cuando contestas mensajes por el móvil mientras te hablo.
		⇧ No me siento respetada cuando te comportas

Cuando usamos los mensajes tipo yo y, a continuación, expresamos nuestra necesidad, lo que transmitimos no se recibe como una imposición, sino como una demanda de ayuda para sentirnos mejor. Y aquí está la clave: cuando las personas recibimos una petición de ayuda en lugar de una imposición, nuestra predisposición a cambiar nuestro comportamiento es exponencialmente mayor.

Comunicación no verbal

La manera más asertiva de comunicación no verbal (y la que utilizaremos en la mayoría de las ocasiones) consiste en:

- Mantener la cabeza erguida. Es muy importante que no ladeemos la cabeza, ya que esto es justo lo que hacemos cuando adoptamos una actitud de juego o flirteo porque nos hace parecer más dulces y simpáticos. Cuando transmitimos límites, debemos evitar estos gestos pues nos restan credibilidad y autoridad.
- Sostener el contacto ocular, evitando rehusar la mirada (sin sobrepasar los seis o siete segundos seguidos para que no se convierta en una mirada agresiva).
- Es aconsejable usar un volumen de voz medio y un tono firme pero sereno, tratando de expresar nues-

tras emociones desde la honestidad y no desde la agresividad ni la timidez. Si necesitamos sumar un grado de autoridad a nuestro mensaje verbal, podemos utilizar un tono algo más grave de lo habitual, ya que los graves transmiten más confianza y autoridad que los agudos.

- En cuanto a la postura, deberemos mantenerla abierta.

Una postura abierta es aquella donde permanecen expuestas partes del cuerpo vulnerables (aquellas que resultan vitales para nuestra supervivencia), como el pecho, el cuello y el abdomen. Este tipo de posturas expresan confianza en uno mismo y en el otro; estamos diciendo: «Tengo la suficiente confianza en ti como para creer que no vas a atacarme, pero también la suficiente confianza en mí como para saber que puedo reaccionar rápidamente si me atacas y defenderme». Por tanto, con esta postura comunicamos un mensaje positivo por partida doble y nos sirve para neutralizar un mensaje verbal negativo, sin contradecirlo.

Para mostrar una postura abierta, debemos mantener los pies algo separados, la cabeza erguida, la espalda recta y los hombros ligeramente hacia atrás. Si podemos mantener el cuello libre de pañuelos o bufandas o incluso, desabrochar el botón más alto de la camisa, nos ayudará a transmitir nuestro mensaje.

- Por último, mover las manos de forma natural y orgánica, mostrando de vez en cuando las palmas, ayudará a enfatizar lo que estamos diciendo y transmitiremos seguridad y credibilidad.

Denominaremos a este conjunto de aspectos no verbales como «comunicación no verbal básica asertiva», la que utilizaremos para acompañar a la mayoría de las estrategias verbales que explicaremos, ya que supone una comunicación asertiva, no violenta y eficaz. De modo que, a no ser que se exprese explícitamente algún elemento de comunicación no verbal, daremos por hecho que esta es la fórmula más aconsejable. Sin embargo, cuando necesitemos aumentar la firmeza de nuestro mensaje en función del contexto o no queramos transmitir un mensaje positivo con nuestro cuerpo, se especificará qué elementos deberemos cambiar acorde a lo que deseemos y necesitemos transmitir en cada momento.

Usar la voz pasiva

Cuando usamos la voz pasiva para expresar un mensaje omitimos la persona que realiza la acción. De este modo, al no responsabilizar explícitamente a nadie, nuestro mensaje no se recibe como un ataque personal o como una orden directa. Por ejemplo, en vez de decir: «Tienes que terminar este informe antes de las seis», podemos plantearlo así: «Este informe debe estar terminado antes de las seis». La segunda opción será interpretada de una forma mucho más amable que la primera.

«¿Y qué gano yo?»

Cuando llegamos a dominar la técnica del mapa mental, podemos deducir cuáles son las motivaciones e intereses de nuestro interlocutor y así elaborar un discurso en el que, para establecer nuestros límites, podamos hacerle ver a la otra persona en qué se beneficia ella.

Esta estrategia requiere de una gran inteligencia emocional y capacidad empática, pero es una de las técnicas más elocuentes y efectivas que existen a la hora de comunicarnos. Por ejemplo, imaginemos que nuestra madre se presenta por sorpresa en nuestra casa un domingo por la tarde. Ha abierto la puerta con la copia de llaves que le dimos para ocasiones de necesidad. A nosotros nos molesta que haga eso porque lo consideramos una invasión a nuestra intimidad y una falta de respeto. Podemos decirle literalmente que «nos molesta que venga sin avisar porque nos sentimos invadidos y consideramos una falta de respeto que no nos avise». Estaremos siendo asertivos, cierto, pero es probable que sea más eficaz decirle: «Mamá, si vas a venir a mi casa, me gustaría que me avisaras con un poco de tiempo para no hacer otros planes con mis amigos y así poder estar contigo. También para que no llegues y me sorprendas con Antonio... ya sabes... estoy segura de que preferirías no presenciar esa situación. Así que, por favor, avísame la próxima vez que planees venir». En resumen, siempre que podamos, nos resultará tremendamente persuasivo dar a conocer qué ventajas tiene para la otra persona el límite que estamos estableciendo.

Ofrecer validación

«Comprendo que tu [derecho o necesidad del otro]...»
+ «pero yo [nuestro derecho o necesidad...]»
+ «Podrías/amos [solución]...»

Hay posibilidad de que, a pesar de utilizar mensajes tipo yo, nuestro interlocutor se mantenga firme en su postura y justifique su conducta sin ninguna intención de modificarla. Siempre y cuando no esté traspasando ninguno de nuestros derechos, supone algo totalmente lícito y respetable, ya que es igual de legítimo que manifieste sus opiniones y necesidades y actúe acorde a ellas.

Con todo, si llegado este caso, no nos damos por vencidos y queremos seguir negociando, podemos usar esta técnica que nos permita continuar en un tono amable y constructivo con el objeto de acercar nuestras posturas y tratar de alcanzar un consenso. Esta técnica se basa en mostrar comprensión y respeto por los derechos y necesidades del otro, a la vez que por los nuestros, y proponer una solución con la que ambos estemos conformes. La consecuencia es que la otra persona, al sentirse respetada y validada, esté más predispuesta a cuestionar sus motivos y validar los tuyos, sopesar si tienen el mismo peso y dar paso a la posibilidad de flexibilizar su postura.

Pongamos por caso el ejemplo del teléfono:

- *[Mensaje tipo yo + propuesta de solución]:* Me siento ignorada cuando contestas mensajes por el móvil mientras te hablo. ¿Puedes dejarlo a un lado mientras estamos teniendo esta conversación?
- *[Respuesta de justificación sin intención de modificar conducta]:* Es que estoy respondiendo a un mensaje muy importante de mi amiga Claudia.

Ofrecemos validación:

1. *[Reconocer la necesidad o el derecho del otro]:* Marta, yo entiendo que tú necesites contestar los mensajes de tus amigas...

2. *[Reconocer nuestra necesidad o nuestro derecho]...* pero creo que también tengo derecho a sentirme escuchada y respetada igual que yo hago contigo cuando tú me cuentas algo importante para ti.

3. *[Propuesta de solución]:* Entonces, si lo que estás hablando con tus amigas es realmente muy urgente, preferiría que me dijeras que ahora mismo no puedes hablar conmigo y que me avises cuando puedas dedicarme un tiempo de calidad a mí.

Otros ejemplos:

- «Entiendo lo que me dices, y tiene sentido, pero no puedo hacer lo que me pides porque me juego mi puesto de trabajo».

- «Comprendo que ya hayáis organizado la cena para esta noche, pero yo no he sabido nada hasta ahora y realmente estoy muy cansada para ir».

- «Sé que tienes poco tiempo, pero hace una semana que acordamos que me devolverías mis apuntes y los necesito».

Si tras ello siguen insistiendo, podemos aplicar la técnica del disco rayado (que se explica en el siguiente capítulo), sin dejar de usar un tono firme pero no agresivo.

12

ESTRATEGIAS PARA DECIR «NO»

Lo más importante que aprendí a hacer después de los cuarenta años fue a decir no cuando es que no.

Gabriel García Márquez

Cuando nos cuesta decir «no», acabamos invirtiendo tiempo, esfuerzo, dinero o energía a tantas cosas que terminamos por sentirnos abrumados y estresados. Intentar abarcar todo es lo mismo que no dedicarse a nada: no es efectivo ni práctico, sino agobiante y tremendamente frustrante. Cada vez que sentimos que «las horas del día no nos dan» o nos damos cuenta de la cantidad de cosas que nos gustaría empezar a hacer, pero va pasando el tiempo y nunca encontramos el momento, es hora de cuestionarse si estamos empleando nuestro tiempo en lo que realmente queremos y es importante para nosotros.

Dijo en una ocasión José Luis Sampedro, un gran escritor, economista y pensador humanista español, que «el tiempo no es oro, el oro no vale nada. El tiempo es vida». Cuando empleamos nuestro tiempo en cosas que no son prioritarias para nosotros, estamos dedicando nuestra vida a cuestiones que no son importantes; cuando lo ocupamos en algo que no es importante, estamos malgastando nuestra vida y cuando malgastamos nuestra vida, estamos despreciando la única oportunidad que tenemos de ser felices.

El tiempo es algo que solo se gasta, no se recupera, no vuelve jamás y es finito. A todos se nos acaba algún día, y todos deberíamos adquirir el compromiso con nosotros mismos de hacer lo posible para que, al llegar al último aliento, podamos sentir que ha valido la pena. De modo que es determinante a qué le decimos que sí y a qué le decimos que no.

Antes de conocer las estrategias para negarnos de forma elegante y asertiva, sería conveniente que reflexionáramos acerca de cuáles son nuestras prioridades en la vida y si estamos viviendo acorde a ellas.

¿Qué personas y qué actividades nos ayudan a sentirnos bien con nosotros mismos?

¿Qué se siente bien en nuestra alma y espíritu?

¿Cuáles son nuestras metas? ¿Qué nos acerca y qué nos aleja de ellas?

¿Qué cosas nos gustaría hacer y nunca encontramos tiempo para ellas?

¿Cuánto tiempo le estamos quitando a lo importante y se lo estamos dedicando a lo que no lo es?

¿Repercute la manera en que organizamos nuestro tiempo en las relaciones con las personas que amamos?

Reflexionar acerca de la influencia que tiene a qué le decimos «sí» y a qué le decimos «no» nos ayuda a ser más conscientes de la relevancia de esas pequeñas decisiones cotidianas. Cuando reparamos en ello, automáticamente vemos la gravedad de estar tomando esas decisiones de acuerdo con el «qué dirá la gente», el «no quiero quedar mal», el «va a pensar que soy grosero». Actuar acorde a esos motivos nunca va a hacernos sentir bien si, en el fondo, lo que estamos haciendo es dedicar nuestra vida a lo que nos aleja de lo esencial para nosotros.

A pesar de las reflexiones que nos ayudan a tomar conciencia de la importancia de saber decir «no», poder hacerlo sin sentir culpa es un proceso lento en el que necesitamos salir de nuestra zona de confort continuamente.

Debemos tener en cuenta que, cuanto más complacientes seamos, más difícil nos va a resultar acostumbrarnos a negarnos porque, por un lado, el sentimiento de culpa será más intenso y, por otro, porque las personas acostumbradas a recibir siempre un «sí» de nuestra parte ofrecerán mayor resistencia. Se trata de un pulso difícil, pero las estrategias que se describen a continuación serán buenas aliadas.

Decir «no» sin dar explicaciones

Una de las cosas más difíciles de llevar a cabo es decir «no» sin dar explicaciones de más. Tenemos la creencia de que si no explicamos por qué no podemos o no queremos hacer algo estamos siendo maleducados o groseros con la otra persona. Como ya hemos comentado, esto es un doble error porque, por un lado, asumimos que el hecho de no desear o no poder hacer algo no es motivo suficiente para negarnos, con lo cual estamos invalidando completamente nuestras necesidades o emociones, y, por otro lado, al explicarnos abrimos la puerta a que nos cuestionen y traten de buscar argumentos o alternativas para seguir insistiendo. Recordemos que cuando no se dan explicaciones no hay nada que cuestionar porque nos basamos solo en si deseamos o no aceptar algo, y eso es incuestionable.

Es necesario que resignifiquemos el dar o recibir un «no» como respuesta: al emitir un honesto «no» estamos transmitiendo que sentimos la suficiente confianza con quien lo recibe como para poder expresar sinceramente lo que deseamos sin necesidad de adornarlo con justificaciones de más. Del mismo modo, si cuando recibimos un «no» valoramos la sinceridad con la que está actuando el otro, no lo tomaremos como algo negativo, sino como una muestra positiva de franqueza.

Algo importante a tener en cuenta es que, si llevamos toda una vida siendo complacientes con los demás y diciendo «sí» cuando en realidad buscamos un «no», deberemos tener mucha paciencia con nosotros mismos y practicar el ensayo-error con mucha calma. Para ello, es necesario que practiquemos, practiquemos y practiquemos siendo tolerantes. Poco a poco nos iremos familiarizando con la sensación (primero algo incómoda, después totalmente liberadora) de decir «no» hasta llegar a hacerlo con total normalidad.

Para ello, además de las estrategias que se explican en este capítulo, podemos aprender algunas frases para tener siempre bajo la manga y usarlas en aquellas situaciones que nos pillen totalmente desprevenidos. Estas son algunas de las expresiones para decir «no» sin dar más explicaciones:

- Preferiría que no, muchas gracias.
- Me sabe mal, pero no va a ser posible.
- Lo siento, pero no puedo.
- Hoy no me apetece, pero muchas gracias por la invitación.
- Sinceramente, me es imposible.
- Honestamente, no me sentiría cómodo.
- Hoy no, gracias. Quizá en la próxima ocasión.
- Muchas gracias, pero hoy no me apetece.

Agradecimiento + no (+ lo siento) + cortesía

Esta es la estrategia asertiva más básica para decir «no»: agradecer la propuesta o la confianza depositada en ti, a continuación, dar la negativa de forma amable, un «lo siento» o un «me sabe mal» opcionales en función de si realmente lo sentimos o no, y por último, añadir un comentario cortés. Este último elemento, el comentario cortés, cumple dos funciones: la de añadir amabilidad a tu negativa con un buen deseo al otro y la de dar a entender sutil y elegantemente un «no insistas».

Comunicación no verbal: Exprésate con un tono de voz firme y tranquilo y manteniendo contacto ocular. Si, además, lo acompañamos con una sonrisa (siempre y cuando sea sincera) o un gesto de agradecimiento honesto, a pesar de ser una respuesta negativa, resultará una contestación agradable y será bien recibida por el receptor.

Ejemplos:

—¿Vienes a la fiesta de esta noche?

—Te lo agradezco mucho, pero no puedo ir. ¡Espero que lo paséis superbién!

—He preparado una cena en mi casa para esta noche. ¡No puedes faltar!

—Muchísimas gracias por la invitación, pero tengo un compromiso, lo siento. ¡Disfrutad mucho!

—Tengo que acabar este informe para mañana y no me va a dar tiempo. Tú eres la única capacitada que puede ayudarme con esto. ¿A qué e-mail te lo mando?

—Gracias por tu halago, pero me es imposible, lo siento. Espero que algún otro compañero del departamento pueda ayudarte.

—¿Puedes quedarte esta tarde con mis hijos? Me han invitado al cine y tengo muchas ganas de ver esa película.

—Te agradezco mucho que confíes en mí, pero tengo planes para esta tarde, lo siento. Ojalá consigas a alguien disponible.

Agradecimiento + no + alternativa

Se trata de una variante de las anteriores, pero en esta ocasión añadiremos una alternativa. Esta estrategia está indicada en especial para aquellos casos en que nuestra negativa puede ser fácilmente interpretada como una falta de interés o que estamos «dando largas», por ejemplo, cuando empezamos a conocer a alguien y tenemos interés en seguir conociéndolo. Al negarnos a su petición, pero al ofrecer un plan distinto para otra ocasión, lo que transmitimos es «no me apetece/no puedo hacer lo que me propones ahora, pero sí quiero seguir compartiendo tiempo contigo».

Ejemplo:

—¿Vienes a la fiesta de esta noche?
a) Muchas gracias, pero hoy me es imposible. ¿Qué te parece si nos vemos el domingo?
b) Te agradezco la invitación, pero no me apetece. ¿Te gustaría para mañana un plan más tranquilo?

c) Gracias por invitarme, pero prefiero no ir. Mañana me han invitado a un evento, ¿quieres venir?

En el contexto de estar al inicio de conocer a alguien, del mismo modo que esta estrategia nos sirve para mostrar interés por él o ella a pesar de declinar alguna de sus propuestas, nos permite también darnos cuenta de si esa persona está interesada en nosotros o no. Si, cuando le proponemos un plan, lo rechaza y no nos ofrece una alternativa, es probable que nos esté diciendo entre líneas que no le interesa seguir quedando con nosotros. Cuando detectemos esto, debemos plantearnos dejar espacio y esperar a que sea ella la que dé el siguiente paso.

Pedir una prórroga

Muchas veces sentimos urgencia por responder a algo cuando realmente aún no tenemos clara nuestra decisión. Pedir un tiempo para pensar está bien. De hecho, deberíamos hacerlo más a menudo, así nos ahorraríamos arrepentirnos de algo o tener que decirle al otro que hemos cambiado de opinión, lo cual suele resultar más incómodo que expresar un «no» desde un principio.

Así pues, debemos tener presente la opción de pedir

una prórroga para dar una respuesta. De la misma forma, también debemos respetar los tiempos que las otras personas necesitan para tomar sus decisiones.

Ejemplos:

—Estamos organizando un viaje para el próximo mes. Tú vienes, ¿verdad?
—Gracias por pensar en mí, pero ahora mismo no puedo decírtelo con seguridad. Dame un par de días y te doy una respuesta.

—Este fin de semana tengo una boda, ¿podrías hacer de canguro de mi hija?
—Mi pareja y yo habíamos pensado hacer una salida este fin de semana, pero déjame que hable con ella y te digo algo con seguridad.

—Hemos organizado una fiesta de cumpleaños para Claudia y vamos a poner 30 € cada uno para su regalo. ¿Vas a participar?
—Déjame que me organice y mañana te lo confirmo.

Si, tras usar esta técnica, siguen insistiendo, podemos usar la estrategia del disco rayado e incluso cerrar un poco nuestra postura cruzando nuestros brazos o piernas. En vez de mantener los pies y el cuerpo dirigidos a nuestro interlocutor, los colocamos ligeramente hacia fuera. Con ello estaremos transmitiendo que, por nosotros, la conversación ha finalizado.

La técnica del disco rayado

Esta técnica es muy eficaz para decir «no», sobre todo cuando nuestro interlocutor insiste, nos presiona o trata de hacer uso del chantaje emocional. La estrategia consiste en repetir las veces que haga falta que no deseamos o no podemos hacer lo que nos piden sin variar nuestro mensaje ni dar otro tipo de explicaciones. Lo más interesante de esta táctica es que podemos multiplicar su eficacia combinándola con otras técnicas.

Ejemplos:

Nuestro hijo insiste en que le demos dinero para comprarse un videojuego, lo cual no consideramos oportuno porque esta semana no ha hecho sus deberes. Tras su petición, contestamos: «No te voy a dar dinero porque esta semana no has hecho los deberes».

Es probable que insista poniendo su mejor cara de cordero degollado, a lo que responderemos de nuevo: «No, Pau. Esta semana no has cumplido con tus responsabilidades, así que no te voy a dar dinero». Posiblemente vuelva a insistir, dependiendo de su capacidad de insistencia, entre unas dos y unas doscientas veces más. Es importante que no alcemos la voz ni usemos un tono de voz agresivo (a pesar de estar haciendo un titánico esfuerzo por mantener la paciencia, tenemos que permanecer serenos e implacables); simplemente responderemos con la misma frase una y otra vez en un tono calmado pero firme.

Por suerte, la mayoría de las personas no son tan insistentes como un niño o un adolescente, por lo que ellos pueden servirnos de un gran entrenamiento para después llevarlo a cabo con otros. Recuerda: si puedes con un adolescente, lo demás será pan comido.

Ejemplo de disco rayado combinado:

[PETICIÓN]   —Marcos, ¿vienes esta noche a tomar algo por mi cumpleaños? Vendrán todos.

[RESPUESTA]   —Gracias, Cris, pero no puedo, mañana por la mañana tengo una reunión importante.

[INSISTENCIA]   —¿De verdad que no vas a venir a tomar unas copas por mi cumpleaños? ¡Venga va! Que un día es un día.

[DISCO RAYADO]   —Gracias, de verdad, pero no puedo ir, mañana tengo una reunión importante.

[INSISTENCIA]   —Venga va, será solo un rato, no seas amargado.

Cuando, tras utilizar la técnica del disco rayado dos o tres veces, siguen insistiendo, es útil combinarla con otras estrategias como la de NO + AGRADECIMIENTO + CORTESÍA para transmitir un punto y final en la conversación. Al hacerlo, probablemente esa será la última insistencia. Así que podemos decir algo como:

[DISCO RAYADO + CORTESÍA]   —Te agradezco la invitación, pero no voy a ir, mañana tengo una reunión importante. Pasadlo superbién.

Si nuestro interlocutor es mínimamente buen entendedor, sabrá leer entre líneas que ese «pasadlo superbién» es un «no insistas, gracias».

En cuanto a nuestro lenguaje corporal, dirigiremos nuestro cuerpo y nuestros pies ligeramente hacia fuera e incluso podemos dejar de mantener el contacto ocular para comunicar que damos por terminada la conversación. Pero si hemos topado con un hueso duro de roer y aun así vuelve a insistir, seremos mucho más contundentes y literales añadiendo firmemente la petición de NO INSISTENCIA:

[INSISTENCIA] —¿En serio me estás diciendo que no vas a venir?

[DISCO RAYADO + NO INSISTENCIA] —En serio. Gracias, pero no voy a ir, mañana tengo una reunión importante. No insistas.

La comunicación no verbal que acompaña al «no insistas» es modulable dependiendo del contexto y de con quién estemos hablando. En el ejemplo anterior, en el que el contexto es una conversación con un compañero algo manipulador, muy insistente y poco respetuoso con nuestra decisión, es adecuado usar un semblante serio y un tono de voz firme para transmitir contundencia. Pero si estamos en un contexto distinto, sin intención manipulativa, pongamos por caso, donde la abuelita de un amigo está insistiendo para que nos quedemos a comer y, lejos de intentar manipularnos, cree que estamos declinando su invitación por «cortesía», «por no molestar», «por vergüenza»... (esas interpretaciones que a veces hacen las personas por los códigos de cortesía culturales), quizá sea más adecuado emplear un lenguaje corporal que suavice nuestro «no insistas»: un gesto de mano en el pecho y una pequeña inclinación de cabeza mientras cerramos los ojos unos instantes.

Con este gesto, a pesar de dar una orden verbal muy clara, estamos transmitiendo con el cuerpo un «se lo pido por favor, gracias», por lo que suavizamos el mensaje sin dejar de ser explícitos. Esta clave de comunicación no verbal resulta útil para todas aquellas situaciones en las que queremos ser claros, pero no demasiado contundentes por las características del contexto o de nuestro receptor.

13

ESTRATEGIAS ASERTIVAS PARA RESPONDER A CRÍTICAS

Cuando comprendes que toda opinión es una visión cargada de historia personal, empezarás a comprender que todo juicio es una confesión.

Nicola Tesla

Saber encajar bien las críticas conlleva un trabajo personal previo: reconocer las opiniones ajenas como lo que son, simples opiniones, y no como una verdad absoluta.

El juicio de una persona está formado conforme a su historia, sus expectativas, sus creencias, sus valores, su personalidad, sus preferencias, su cultura, su educación y su estado de ánimo. Las posibles combinaciones entre estos factores (y otros tantos que asimismo pueden influir) son infinitas, por lo que los resultados que de ellas se derivan (es decir, los juicios que se generan) son, también, infinitos.

¿En función de qué un juicio es más válido que otro? Si tendemos a pensar que los juicios de las otras personas tienen mayor validez que los nuestros, nos condenamos a tomar decisiones y a valorar nuestras acciones y a nosotros mismos según el criterio de otros. En resumen, nos sentenciamos a definir nuestra realidad sobre la base de opiniones ajenas. Craso error. Además de sepultar nuestro propio criterio, nos condenamos a una interminable frustración, puesto que es imposible lograr la aprobación de todo el mundo. Siempre va a haber personas que estén en desacuerdo con nuestra manera de actuar, que nos critiquen y nos desaprueben, y asumir esto con naturalidad es esencial para poder vivir en paz.

Cada uno debe ser no solo protagonista, sino también director de su propia película. No podemos dejar que sean los demás quienes decidan por nosotros, que ya tienen su propia vida para poder tomar las decisiones que quieran, y así debemos hacérselo saber cuando traten de manipularnos o imponernos sus opiniones o maneras de actuar. Necesitamos poder decir «tú manda en tu vida, que en la mía mando yo» sin ningún tipo de culpa ni remordimiento, sino como regla básica de respeto hacia el otro y hacia uno mismo.

Ahora bien, eso no significa que no debamos escuchar las opiniones y críticas de los demás. Estas pueden ser grandes oportunidades de aprendizaje y de crecimiento que no debemos dejar pasar; al contrario, tenemos que saber usarlas para mejorar o aprender de nuestros errores. De lo contrario, nos convertiríamos en auténticos seres pedantes y estancados.

Para poder aceptar sanamente las críticas, hay dos elementos clave: criterio propio y autoconfianza. Necesitamos saber valorar las críticas y opiniones ajenas haciendo uso de nuestro propio criterio y confiar en él. Cuando lo hacemos, podemos analizar las críticas y extraer lo que nos resulte provechoso de ellas o bien refutarlas sin tomárnoslas como un ataque personal, pero jamás aceptarlas sin más y cambiar nuestra forma de actuar por darle más valor a la opinión de otra persona que a la nuestra propia sin ni siquiera ser capaz de analizarla.

Este proceso suele resultar complejo, sobre todo si no contamos con una autoestima muy trabajada que nos permita confiar en nuestro criterio propio y no se deteriore debido a opiniones negativas externas (si nos ocurre esto, es una buena señal de que debemos hacer un trabajo personal para fortalecerla). Pero, tengamos o no una buena autoestima, siempre resulta difícil recibir críticas que no son asertivas ni constructivas, esas que están hechas con poca empatía o con intención manipulativa. Para estos casos, podemos responder a ellas utilizando las estrategias que veremos a continuación.

Asertividad básica

Ante una crítica hay tres tipos de respuesta que debemos evitar:

- Contraatacar (respuesta agresiva). Hacer esto probablemente conduzca a una discusión basada en ataques de uno al otro.
- Guardar silencio, asentir de forma pasiva o pedir perdón por ello sin pensar que realmente hayamos actuado mal (respuesta pasiva).
- Asentir primero para luego atacar (respuesta pasiva-agresiva).

Una respuesta asertiva que podemos utilizar ante una crítica no constructiva o manipulativa es expresar abiertamente que no nos sentimos cómodos con la manera en que el otro nos está criticando y sugerirle que lo haga de manera constructiva.

Ejemplos:

- ¿Podrías decirme esto de una forma más amable? No me siento cómoda con el tono que estás usando.
- Creo que no es necesario que me lo digas de ese modo, me hace sentir mal. ¿Puedes darme tu opinión de una forma más constructiva?
- Me gustaría que usases un tono más amable conmigo.
- Te agradecería que me dieras tu opinión de una forma más constructiva.

Interrogación negativa

Otra posible respuesta asertiva consiste en preguntar abiertamente a quien ha hecho la crítica cuáles son sus motivos, en vez de responder a la defensiva, negar nuestros errores o contraatacar. Podemos usar fórmulas como las siguientes:

«¿Qué crees que tiene de negativo [...]?»

«¿Por qué consideras que está mal [...]?»

«¿Qué consideras inoportuno de [...]?»

«¿Por qué crees que no es correcto [...]?»

Al responder con una pregunta asertiva ante un intento de ataque o de manipulación, transmitimos tres cosas: que no vamos a entrar en un juego agresivo; que estamos dispuestos a continuar con la conversación sin empequeñecernos y que estamos abiertos a recibir una respuesta sincera y con fundamento. Tras la respuesta de nuestro interlocutor, podremos entonces decidir si aceptamos la crítica como constructiva o la desechamos y, además, habremos establecido implícitamente un límite en la forma en que queremos que se nos comuniquen las críticas la próxima vez.

Banco de niebla

Esta técnica consiste en reconocer con serenidad la posibilidad de que haya algo o mucho de cierto en lo que nos dicen, pero sin ceder a cambiar nuestra conducta u opinión (siempre y cuando estas no estén vulnerando los derechos de nadie).

Ejemplos:

—Tienes un pésimo gusto musical. Esta música que escuchas es una basura.

[BANCO DE NIEBLA]: Quizá no sea la mejor música del mundo, pero es la que a mí me gusta.

—¿Que te han robado el teléfono por la calle? ¿Y para qué lo sacas? Eso te pasa por tonto.

[BANCO DE NIEBLA]: Puede que no sea el más inteligente, pero el único culpable de un robo es el que roba.

—¿Piensas salir así vestida? Parece que te guste ir atrayendo miradas.

[BANCO DE NIEBLA]: Y sí, me gusta llamar la atención.

Al no entrar a contraatacar, ni dar explicaciones, ni ceder sumisamente ante la manipulación del crítico, lo más probable es que nuestro interlocutor se quede sin argumentos para seguir con su crítica.

Técnica del sándwich

Esta estrategia sirve tanto para hacer críticas como para responder a ellas de forma elegante y eficaz.

Hacer una crítica

Consiste en decir algo positivo en primer lugar, después introducir la crítica y, por último, otro aspecto positivo. De esta manera el mensaje crítico queda amortiguado entre dos mensajes de reconocimiento positivo, lo que hace que la persona lo reciba mucho mejor, ya que no se siente atacada y estará más abierta a corregir.

Ejemplo:

—Me ha encantado tu charla. A veces se te escuchaba algo flojo, pero has sabido mantener la atención del público de principio a fin.

Hacer una contracrítica

Cuando no estamos de acuerdo con una crítica, lejos de responder a la defensiva, también podemos utilizar la técnica del sándwich, especialmente cuando nos enfrentemos a críticas hechas por algún puesto superior en el ámbito profesional. En esta ocasión buscaremos algún aspecto de la crítica con la que estemos de acuerdo y mostraremos conformidad con ello. De este modo, nuestro interlocutor verá que nuestra posición no es de contraataque y continuará escuchando abiertamente y con calma nuestra opinión. A continuación, expresaremos nuestra discrepancia y, por último, tenemos tres opciones positivas:

a) agradecer su punto de vista;
b) sugerir una solución, y
c) preguntar cuál sería una buena solución para él.

De esta forma, volveremos a tener dos elementos positivos «amortiguando» uno negativo y lograremos transmitir nuestra contracrítica con elegancia y elocuencia.

Ejemplo:

[CRÍTICA]: Este informe que has hecho es demasiado largo y da demasiados detalles de las pruebas que se han realizado, lo cual es del todo innecesario.

[CONTRACRÍTICA SÁNDWICH]: Estoy de acuerdo con que el informe es algo largo. Sin embargo, creo que sí es necesario exponer qué pruebas se han llevado a cabo y los resultados que se han obtenido para poder justificar las conclusiones finales.

Opción a) De todas formas, te agradezco tu punto de vista, lo tendré en cuenta.

Opción b) Creo que puedo resumir un poco más el tercer punto. ¿Crees que sería suficiente?

Opción c) ¿Qué elementos recortarías tú?

Responder a burlas y críticas camufladas con humor

a) Una mirada vale más que mil palabras

Cuando alguien se burla de nosotros o nos critica utilizando el humor, solemos caer en la trampa y nos reímos (a pesar de que no nos haga gracia), le quitamos importancia o, simplemente, inhibimos lo que sentimos para no parecer «demasiado serios» o «aguafiestas».

Cuando permitimos que alguien diga algo hiriente o molesto para nosotros y no le marcamos un límite, estamos permitiendo que nos falten al respeto independientemente de si utiliza el humor o no para camuflarlo. En estos casos, como con cualquier otra falta de respeto, debemos saber expresarle a esa persona que no nos gusta lo que acaba de decir. Sin embargo, a la hora de marcar un límite a las críticas hechas con bromas y chistes, sentimos una presión extra porque mostrar nuestro descontento supone no únicamente expresar desagrado, sino también interrumpir la sensación de diversión por una reflexión que sabemos que va a ser incómoda. No obstante, el uso de bromas o chistes no debe ser un pase libre para criticar o faltar el respeto a nadie. Si nos molesta cualquier comentario, hecho en tono de broma o no, debemos saber confrontarlo para que no se repita.

Una primera estrategia sencilla es simplemente mostrarnos serios ante el comentario: no reírse con la broma y mantener contacto ocular con la persona. En nuestra corteza prefrontal se encuentran las neuronas espejo, especializadas en la capacidad de empatía. Cuando detectan un rostro que expresa una emoción totalmente diferente a la que nosotros estamos sintiendo, envían una señal de alarma que significa: algo extraño está pasando. Eso es exactamente lo que hacemos al mantener contacto ocular con esa persona sin reírnos durante unos tres segundos tras su comentario. De esta manera, estaremos activando las zonas necesarias en su cerebro para que él mismo se dé cuenta de que lo que acaba de hacer no nos ha resultado agradable.

Es posible que solo con este gesto la persona pida disculpas por su comportamiento. Sin embargo, si no se da el caso, seguiremos con la siguiente estrategia:

b) *Revelar sus intenciones*

Esta estrategia consiste en expresar abiertamente las intenciones que crees que tiene su crítica o burla haciendo evidente y de forma asertiva lo inadecuado de su comportamiento.

Esto lo haremos de la siguiente forma:

1. Repetimos el comentario: «Cuando me preguntas por tercera vez si me he cortado yo misma el pelo...».
2. Expresamos lo que sentimos o pensamos: «Tengo la sensación de que intentas ridiculizarme».
3. Hacemos una pregunta directa para que lo confirme o lo desmienta: «¿Es eso lo que pretendes?».

Al actuar de ese modo y con esta última pregunta es posible que la persona se percate de que su comportamiento no ha estado bien y trate de disculparse. Si, por el contrario, estamos ante un auténtico cretino y su respuesta a la última pregunta es «sí», no perdamos la calma: continuaremos con la estrategia con un tono de voz sereno pero firme y, mientras mantenemos contacto ocular, responderemos: «Interesante... ¿por qué querrías hacer eso?».

La respuesta a esta pregunta será determinante: o bien,

al encontrarse en este callejón sin salida se excusará y pedirá disculpas, o bien, si da otro tipo de respuesta que demuestre que realmente es un necio sin solución, podremos concluir que no vale la pena seguir conversando con él y optar por simplemente retirarnos, o usar alguna de las estrategias para enviarlo a la mierda educadamente que se explican en el último capítulo.

14

CÓMO ESTABLECER LÍMITES A PERSONAS MANIPULADORAS

Para la persona manipuladora todo el mundo es traidor si no hace lo que ella quiere.

Anónimo

«Mira lo que me hiciste hacer»

Los victimistas, narcisistas, provocadores, buscadores de atención, desprestigiadores, oportunistas, moralistas, culpabilizadores, mentirosos, demagogos, hipócritas, maltratadores e instigadores de toda calaña son individuos dispuestos a manejarnos a cualquier precio en pro de su beneficio personal.

Lo mejor que podemos hacer cuando detectamos a una

persona con conductas manipuladoras es evitar cualquier tipo de relación con ella. Esta es la mejor manera que tenemos de protegernos de ataques, malos tratos emocionales y psicológicos y relaciones tóxicas. Sin embargo, a veces no resulta tan fácil esquivarla porque forma parte de nuestra propia familia o trabaja con nosotros, por ejemplo. En estos casos, mantener solo las interacciones estrictamente necesarias y hacer uso, cuando sea necesario, de las técnicas que se explican en este capítulo es lo más acertado.

Las personas manipuladoras tienen una gran habilidad para que sintamos culpa, miedo, vergüenza o desprecio cuando no hacemos lo que ellas quieren o cuando no les permitimos que actúen con nosotros como les dé la gana. Por eso, cuando a un manipulador se le marca un límite, lo más habitual es que se enfade para que creamos que hemos obrado mal, nos sintamos culpables por ello y así acabemos cediendo a su voluntad. Debemos mantenernos firmes y no sucumbir: se trata de un pulso en el que no podemos dejarnos vencer, y, para ello, conviene saber muy bien cómo actuar ante cada intento de manipulación.

Para las personas muy complacientes o demasiado empáticas, este pulso se vuelve más complicado porque logran «comprender sus (del manipulador) circunstancias, su historia o su particular forma de ser» y terminan por justificar y tolerar sus conductas. Pero entre comprender y tolerar hay una línea muy pero que muy fina que debemos identificar para no cruzarla: que seamos capaces de comprender por qué una persona actúa como actúa no significa que hayamos de tolerar sus comportamientos manipuladores o de maltrato.

Esto ocurre habitualmente en relaciones familiares o de pareja donde uno es un maltratador/manipulador y el que es maltratado lo disculpa porque «tuvo una infancia muy difícil», «lo está pasando mal», «su padre le pegaba de pequeño», «su expareja le provocó muchas inseguridades», «está muy estresado con el trabajo», etc. Una cosa es empatizar con alguien y otra bien diferente, eximirle de la responsabilidad de sus acciones. Todos somos responsables de nuestros actos, de trabajar en aquellos aspectos que se nos atraviesan y de pedir ayuda profesional si es necesario, por muy difícil que nos lo haya puesto la vida en el pasado. Es decir, que una persona haya tenido una infancia difícil, o incluso, haya sido víctima de maltrato o manipulación no justifica que ahora actúe de forma dañina para los demás. Asumir nuestro pasado y trabajar en las heridas emocionales que nos haya causado, sin cargar a otros por ello, forma parte de nuestras responsabilidades como personas adultas.

Es fundamental recordar esto para no terminar siendo el saco de boxeo emocional de nadie ni tratar a nadie como tal. Para saco de boxeo, estamos los especialistas en salud mental, capaces de encajar esos «golpes» sin que nos duelan, ya que no estamos vinculados personalmente con el maltratador y sabemos poner distancia emocional con cada caso. Es en terapia donde uno puede aprender a utilizar herramientas que le permitan gestionar mejor sus emociones, modificar sus conductas desadaptativas y sanar sus heridas emocionales, y solo el terapeuta es el encargado de guiarlo en este proceso. Ni la madre, ni la pareja, ni el amante, ni el hermano, ni el primo, ni la amiga son los responsables de «cambiar» comportamientos o la forma de pensar del manipulador, sino él mismo con la ayuda de su terapeuta.

La gran mayoría de las personas que sufren por mantener una relación (familiar, de pareja, de amistad) con un manipulador lo que pretendían al comienzo de la misma era «ayudarlo», hasta que quedaron atrapadas en sus tentáculos, y ahora, quienes necesitan ayuda, son ellas. Así que, si sentimos que hemos empatizado con una persona de estas características y creemos que precisa ayuda, lo mejor que podemos hacer por ella y por nosotros mismos es sugerirle que acuda a un profesional, mientras nosotros mantenemos la mayor distancia que nos sea posible.

Pero ¿qué hacer si no podemos alejarnos todo lo que

nos gustaría de una persona manipuladora? Lejos de contraatacar, excusarnos o ignorar las conductas manipuladoras, podemos aprender a actuar de forma asertiva pero firme y establecer así claramente nuestros límites con las estrategias que se explican a continuación.

Exponerse al mínimo

Si no tenemos opción de mantener contacto nulo con este tipo de personas, lo más recomendable es exponernos al mínimo, transmitir mensajes concisos y tratar de emplear un tono educado y sereno pero firme. Debemos intentar permanecer en calma cuanto podamos, pues si desvelamos que tienen poder para influenciar en nuestro estado de ánimo estaremos reforzando sus conductas. De manera que haremos lo posible para no alterarnos ni mostrarnos agresivos, pero tampoco sumisos, simplemente firmes, sin caer en sus manipulaciones. Al actuar de una forma inesperada para ellos, es posible que se enfaden o que su deseo de manipularnos aumente. Llegados a este punto, puede sernos útil utilizar la técnica del banco de niebla o la de ofrecer validación junto con la del disco rayado (no más de tres veces) y retirarnos de la conversación.

Ejemplos:

MANIPULACIÓN:

No quiero que te vayas de viaje sola... deberías tener en cuenta lo que te digo, ¡soy tu madre!

VALIDACIÓN + OPINIÓN FIRME:

Entiendo que no te parezca bien, pero ya soy adulta y he decidido que sí lo haré.

INSISTENCIA CON MANIPULACIÓN:

¿Es que no te importa que tu madre se quede tan preocupada por tu culpa?

VALIDACIÓN + DISCO RAYADO:

Comprendo tu postura, pero ya he tomado la decisión.

INSISTENCIA CON MANIPULACIÓN:

Con lo que yo hago por ti... y te da igual que yo sufra.

VALIDACIÓN + DISCO RAYADO:

Comprendo que te preocupe que viaje sola, pero la decisión ya está tomada.

Lenguaje corporal

Uno de los puntos clave cuando tratamos con este tipo de personas es comandar respetabilidad y seguridad. En esto, nuestro lenguaje corporal es clave, pues no podemos intentar imponer respeto con un lenguaje corporal que denota miedo o sumisión. Para ello, utilizaremos la fórmula básica de comunicación no verbal asertiva, pero modulando sutilmente nuestro tono de voz y nuestra mirada. En cuanto al tono de voz, deberá ser un poco más firme y, a ser posible, más grave. De esta forma estaremos aumentando medio punto el nivel de firmeza (necesario en este tipo de ocasiones).

Por otro lado, el mensaje que queremos comunicar con la mirada es: «estoy aquí, tengo claras mis necesidades y derechos y no voy a permitir que los vulneres, igual que yo no voy a vulnerar los tuyos». Para transmitir esto con la mirada nos ayudará repetir este mensaje internamente, una y otra vez, mientras mantenemos contacto visual con la otra persona, como si estuviéramos intentando trasladar lo que estamos pensando a través de la telepatía. Este ejercicio es muy útil para aprender a exteriorizar emociones o cualidades (como seguridad, respetabilidad, credibilidad, etc.) con la mirada y reforzar así los mensajes verbales. Usaremos este tipo de comunicación no verbal en la mayoría de estrategias de este capítulo.

Usar imperativos

Cuando alguien vulnera nuestros derechos, nos falta al respeto o traspasa nuestros límites de forma intencionada, lo mejor es comunicar de manera muy directa que no vamos a permitir que cruce esa línea. Estas son de las pocas situaciones en que lo más efectivo es usar imperativos claros y sin rodeos o mensajes tipo «no te permito/consiento/tolero».

A las personas que tienen tendencia a actuar de forma sumisa, es posible que les cueste hacer esto e, incluso, que se sientan algo violentas al hablar de un modo tan directo, pero deben tomarlo como una estrategia de autodefensa emocional, a veces, la única forma de impedir que nos vulneren.

- «No me interrumpas, no he terminado de hablar».
- «Por favor, no me grites».
- «No vuelvas a insinuar que estoy loca».
- «No te consiento que me insultes».
- «Para de hacer eso, me estás violentando».
- «No intentes chantajearme con eso».
- «No vuelvas a tratarme de ese modo».
- «No tolero que me culpabilices de esto».
- «No te consiento que me faltes al respeto».

Utilizamos esta estrategia cuando alguien se comunica con nosotros con agresividad o intenta manipularnos. La técnica consiste en dos acciones: la primera, describir de forma explícita el comportamiento del otro para hacérselo evidente y, la segunda, advertirle de que si, no lo cambia, no vamos a continuar con la conversación (establecer el límite).

Ejemplos:

- «Me acabas de faltar al respeto, y eso no lo voy a tolerar. No voy a seguir con esta conversación si no hay respeto».
- «Me estás gritando. Creo que es mejor que hablemos en otro momento».
- «Me estás hablando de una forma muy agresiva. Si no cambias tu tono, seguiremos hablando en otro momento».
- «Estás tratando de hacerme sentir culpable por algo que no es mi responsabilidad. Mejor hablamos cuando hayas reflexionado tranquilamente sobre esto».

El silencio

Un silencio puede expresar más que mil palabras. Todos nos hemos encontrado alguna vez con personas entrometidas que han lanzado una pregunta totalmente desubicada, incómoda y llena de segundas intenciones, y, al pillarnos desprevenidos, no hemos sabido sortearla. La mejor manera de responder a estas situaciones es con un silencio. Pero no un silencio tímido con mirada esquiva o fingiendo no haberla escuchado, sino un silencio imponente, consciente y con mirada firme durante aproximadamente tres segundos. Esa mirada silenciosa y directa transmite el mensaje de forma clara, sin necesidad de hacerlo explícito por la boca. Lo más probable es que con esta respuesta la persona se dé cuenta de lo inapropiado de su pregunta y pida disculpas, se excuse o cambie de tema.

Responder con otra pregunta

Si tras nuestro silencio, la persona no reconoce su intromisión, podemos entonces añadir otra pregunta del tipo «¿por qué me lo preguntas?» o «¿por qué te interesa eso?». Al responder con otra pregunta, nuestro interlocutor se dará cuenta de que no queremos contestar a su entrometimiento y probablemente lo retire o cambie de tema.

GRACIAS, PERO NO VOY A RESPONDER

Aun así, si tras el silencio y nuestras preguntas, la persona no se da cuenta (o no quiere darse cuenta) de que no queremos responder y nos replica algo como «simplemente quería saber» o «porque me preocupo por ti», seremos más explícitos y responderemos con un mensaje tipo yo y opcionalmente, y solo si lo creemos oportuno, podemos agradecer su preocupación.

Ejemplos:

- «Te agradezco que te preocupes por mí, pero no quiero hablar sobre ello».
- «Gracias por preguntar, pero por ahora prefiero mantener eso en privado».
- «Prefiero no hablar de eso ahora, pero gracias por preocuparte».
- «Me gustaría que no me preguntaras sobre ese aspecto».
- «No me siento cómoda hablando de ese tema».
- «Es mejor que no toquemos ese tema».

Responder a moralistas o autoritarios

Cuando alguien nos dice cómo debemos actuar o nos impone su manera de hacer las cosas como si fuera la única correcta, podemos utilizar primero la estrategia de evidenciar el comportamiento del otro y, si esta no surte efecto, responderemos con otra pregunta que haga explícito lo que ella está insinuando, para que nos confirme o niegue si es eso lo que quiere decir.

Ejemplo:

Moralista:

Deberías haber pensado en eso antes de casarte.

Evidenciar el comportamiento del otro:

Creo que estás juzgándome duramente sin ponerte en mi lugar.

Moralista insistente:

No te estoy juzgando, solo te digo que deberías haberte dado cuenta de esto antes. Ahora ya es tarde.

Hacer explícito lo implícito:

¿Estás queriendo decir que, si no me he dado cuenta antes, ahora no tengo derecho a rectificar y merezco fastidiarme de por vida en esta situación?

Muchas personas confunden la libertad de expresión con la libertad para opinar sobre la vida, los cuerpos o las decisiones de otras sin que se lo hayan pedido. Para ocasiones como estas nos resultará muy útil tener memorizadas algunas frases que dejen claro que no queremos su opinión de una forma muy asertiva y elegante. Los temas y aspectos sobre los que la gente da su parecer abarcan un amplio abanico, por lo que, dependiendo del tema sobre el que lo hagan y cómo nos influya emocionalmente a nosotros, podemos elegir respuestas más o menos contundentes. Aquí tenemos algunas buenas opciones:

- Entiendo que quieras ayudarme con tu punto de vista y lo aprecio, pero es algo que quiero decidir/hacer sin influencias externas».
- «Gracias por darme tu opinión, pero ya he tomado una decisión y te agradezco mucho que la respetes».
- «Sé que no es tu intención hacerme daño con tu comentario, pero es un tema que me genera mucha inseguridad y preferiría que no opinaras sobre esto si no te lo pido».
- «Comprendo que quieras darme tu punto de vista,

pero preferiría no recibir más opiniones sobre este tema».

- «Gracias por tu opinión, pero este es un tema que solo me incumbe a mí y te agradezco que lo respetes».
- «Me incomoda recibir comentarios sobre este tema, me gustaría que dejaras de hacerlo».
- «Aprecio que me den diferentes opiniones y puntos de vista, pero prefiero recibirlos cuando yo los solicite».
- «Este es un tema muy personal y me gustaría que no se opinara sobre él».
- «Mi cuerpo (o cualquier aspecto) no es asunto tuyo, te pido que lo respetes».
- «Me gusta mi cuerpo (o cualquier aspecto) tal y como está, gracias».
- «No me gusta que opinen sobre mi cuerpo (o cualquier aspecto), gracias».
- «Creo que es una falta de respeto opinar sobre el cuerpo (o cualquier aspecto) de los demás. Te pido que no lo vuelvas a hacer, por favor, gracias».

Cualquiera de estas contestaciones puede ser una buena manera de responder a un comentario no solicitado. Dependiendo de quién nos lo haga, sobre qué asunto y su intencionalidad, será más adecuada utilizar una u otra respuesta.

No falta la persona que se encarga de esparcir chismes de otros haciendo correr rumores que provocan el sufrimiento de quien es objeto de ellos. Para no convertirnos en partícipes de las malas lenguas, podemos responder a los cotillas aplicando el triple filtro que propuso Sócrates para lidiar con este tipo de situaciones. Cuenta la historia que uno de los discípulos de Sócrates llegó a este lleno de excitación por contarle algo malo que había escuchado de un tercero. El discípulo dijo:

—¿Sabes qué me han contado sobre tu amigo?

Sócrates se quedó en silencio unos segundos y dijo:

—Espera un minuto. Antes de explicármelo, quiero que me respondas a tres preguntas para saber si tu mensaje es digno de ser escuchado.

—¿Tres preguntas?

—Así es, son tres filtros. El primer filtro es el de la verdad: ¿Estás absolutamente seguro de que lo que vas a decirme es verdad?

—No —dijo el discípulo—, en realidad solo lo escuché.

—De acuerdo, entonces no estás seguro de que sea verdad. Déjame hacerte la segunda pregunta, el filtro de la bondad: ¿Lo que vas a decirme sobre mi amigo es algo bueno?

—No —respondió el discípulo—, todo lo contrario.

—Así que quieres contarme algo malo sobre mi amigo, pero no estás totalmente seguro de que sea verdad.

El discípulo asintió, admitiendo lo que decía Sócrates.

—Déjame entonces hacerte una última pregunta, el filtro de la utilidad: ¿Será útil para mí lo que quieres decirme de mi amigo?

—Creo que no —volvió a admitir el discípulo.

—Entonces, si lo que quieres contarme no es cierto ni es bueno ni es útil para mí, ¿por qué quieres decírmelo? ¿Cuál es tu intención?

La verdad, la bondad y la utilidad son los tres filtros que Sócrates utilizaba para responder ante esas situaciones. A pesar de los siglos transcurridos, a día de hoy, su triple filtro sigue siendo una premisa excelente para determinar tanto lo que vamos a escuchar como lo que vamos a decir.

RESPONDER A CULPABILIZADORES

Una persona solo puede hacernos sentir culpables si nuestro propio juez interno le da la razón. En el capítulo 6 hemos hablado sobre la culpa y hemos expuesto un sencillo esquema que nos permite detectar si nos estamos juzgando como culpables de forma justa (culpa sana) o injusta (culpa insana).

Cuando alguien nos culpabiliza, debemos seguir exactamente el mismo esquema para cuestionarnos si realmente nosotros somos los responsables de lo que se nos acusa. Al llevarlo a cabo, nuestro juez interno tomará la determinación de aceptar la responsabilidad de lo ocurrido o no. Si concluimos que no somos culpables ni responsables, podemos contestar a quien pretende culpabilizarnos de la siguiente manera:

Haciendo que justifique su respuesta y abriendo debate

- ¿Por qué crees que yo soy el responsable de esto exactamente?
- ¿De qué manera te he faltado al respeto o he vulnerado tus derechos para que me culpabilices de cómo te sientes?
- ¿Por qué crees que es mi responsabilidad... (X)?

Evidenciando su manipulación

- Creo que me estás haciendo sentir culpable porque no he hecho lo que tú querías que hiciera. ¿Es así?

- Cuando dices que... (X) creo que estás intentando culpabilizarme para que me sienta mal y así haga lo que tú quieres que haga.

- Siento que estás intentando responsabilizarme de (X). ¿Es eso lo que intentas?

- ¿Lo que quieres decir con esto es que yo soy el/la culpable de que (X)?

Defendiendo nuestro comportamiento y poniendo fin a la conversación

- He tomado mi decisión según mis necesidades sin atacar ni dañar a nadie. Si esto te molesta, quizá debamos cuestionarnos si tu bienestar y el mío son compatibles.

- Puedo entender que te sientas molesto porque las cosas no han salido como tú querías, pero no que me hagas responsable de tus sentimientos.

- Tengo derecho a decidir sobre mi vida y mi cuerpo,

si esto te molesta, lo lamento, pero no es mi responsabilidad.

- No he vulnerado ninguno de tus derechos ni te he faltado al respeto, así que siento mucho que estés enfadado, pero no me responsabilices a mí de ello.

15

MANERAS MUY EDUCADAS DE ENVIAR A LA MIERDA

El tiempo pone a cada uno en su sitio, pero si vas mandando a la mierda a algunos, pues adelantas camino.

FERNANDO FERNÁN GÓMEZ

Como agua y aceite

Ya lo hemos intentado todo: nos hemos expresado de forma asertiva; le hemos comunicado al otro nuestras necesidades, lo que nos gusta y lo que no nos gusta; hemos sido flexibles en lo que podíamos serlo; y nos hemos puesto en su lugar para ver el mundo a través de su mapa mental. Pero aun así la relación no funciona. ¿Qué hacemos entonces?

Muchas veces las personas no somos compatibles, y eso no significa que uno sea mala persona, un manipulador o un psicópata. Simplemente no encajamos. Como el agua y el aceite, por más que queramos mezclarlos y que la mezcla sea perfecta y homogénea, no va a suceder. ¿Y alguno tiene la culpa? ¿Hay algo de malo en el agua? ¿Hay algo de malo en el aceite? En absoluto, el agua y el aceite no ligan, punto.

Con las personas ocurre exactamente lo mismo: unas somos como el agua y otras, como el aceite, y no hay nada malo en ninguna de las dos, simplemente somos incompatibles. El error que cometemos es que, en la gran mayoría de las situaciones problemáticas, los humanos tendemos a buscar culpables. Parece que necesitemos cargar a alguien con la responsabilidad de que las cosas no hayan salido como esperábamos para quedarnos tranquilos, en vez de aceptar que, en muchas ocasiones, no hay ni culpables, ni inocentes, ni buenos, ni malos, ni héroes, ni villanos.

Cuando una relación no funciona, nos atascamos en la idea de que para romperla tiene que haber un «malo», alguien que nos trate mal, que no nos cuide, que sea tóxico, un narcisista o un egoísta... Pero ¿y si no lo hay? ¿Y si estamos con una bellísima y buena persona, pero aun así sufrimos? ¿Y si sus límites y los nuestros son incompatibles? ¿Y si lo que necesita no se corresponde con lo que nosotros podemos ofrecerle y viceversa? ¿Y si discutimos continuamente porque no hablamos el mismo idioma y tenemos visiones de la vida muy distintas?

Todo esto nos hace sufrir. Y es que podemos querer mucho a una persona y, a la vez, no ser compatible con ella, ya que, lamentablemente, solo el amor no es suficiente para mantener una relación sana. Cuando somos capaces de comprender que podemos querer mucho a alguien, pero ser incompatible con esa persona, empezamos a aceptar que distanciarse es la mejor forma de quererla y de querernos.

Tomar la decisión de alejarse, «no porque no te quiera, sino porque, a pesar de quererte, esto duele», es un paso muy difícil, pero mantenernos en ese vínculo probablemente nos lleve a una espiral de sufrimiento indefinido, donde agotaremos toda nuestra energía y salud emocional en los esfuerzos por hacer que funcione. Y eso será más difícil aún.

En estos casos, lejos de enviar a la mierda a esa persona, necesitamos hablarle desde el amor y con mucha calma (nunca en un estado de enfado o discusión) para exponer los motivos que sostienen la decisión de romper la relación y definir de mutuo acuerdo (sobre todo en los casos de relaciones de pareja) cómo va a ser la separación para que duela lo menos posible para ambos. Llevar esto a cabo requiere, por un lado, tener una sana autoestima que nos permita priorizar nuestro bienestar, por mucho que queramos a la otra persona, y, por otro lado, mucha madurez, fortaleza emocional y responsabilidad afectiva.

Nada sencillo.

Esto es lo que llamamos una ruptura amistosa, sana, respetuosa y cuidadosa con el otro (y con nosotros mismos).

Ahora bien, hay ocasiones en las que el sufrimiento sí ha sido causado a voluntad y con alevosía por parte de manipuladores, abusadores y maltratadores de todo tipo. Ante este escenario, no son necesarias tantas consideraciones a la hora de distanciarnos de ellos (pues ya las hemos tenido todas las veces que hemos respondido a sus ataques con respeto y asertividad, pero eso también tiene un límite). Así que podemos enviarlos, sin ningún tipo de remordimiento, a la mierda.

«¡Váyase usted a la mierda! ¡A la mierda!»

Corría el año 1998 cuando el actor y escritor Fernando Fernán Gómez presentó, en el Círculo de Bellas Artes de Madrid, su libro *La cruz y el lirio dorado*. Mientras los reporteros del equipo informativo de Televisión Española entrevistaban al autor, se produjo el épico acontecimiento que perduraría en la memoria de todos los españoles hasta el día de hoy. Un admirador se acerca a Fernando Fernán Gómez inoportunamente pidiéndole de forma insistente que le firme su libro, a lo que el actor, corto de paciencia, le contesta de pronto: «Porque me ha salido de los cojones. ¿Comprende? ¿Comprende? Y si usted cree que tengo mal carácter, está en lo cierto. ¡Lo tengo, y muchísimo!». El señor, entre incrédulo y ofendido, le replica: «Yo le admiraba, ¡le admiraba hasta ahora!»; a lo que Fernán Gómez le contesta: «Déjeme en paz. Déjeme de admirar, no me hace falta su admiración... ¡Váyase usted a la mierda! ¡A la mierda!».

Si bien es cierto que algunas personas tienen una gran facilidad para enviar a la mierda a quienes les molestan, increpan o incomodan, la gran mayoría de nosotros nos situamos en el extremo opuesto: aguantamos carros y carretas soportando lo insoportable porque no vaya a ser que esa persona que está amargándonos la existencia se ofenda, o, peor incluso, que piense de nosotros que queremos que deje de amargarnos. Mejor callamos y seguimos aguantando hasta que sepulte nuestra dignidad por completo, que total, ya poco le falta.

Si nosotros no somos capaces de ponernos en nuestro sitio, nunca vamos a poder poner en el suyo a los demás. Para eso, hace falta tener muy claro que no podemos permitir que nadie vulnere nuestros derechos, nos falte el respeto, intente coartar nuestra libertad o trate de manipularnos. Es decir, que ponernos en nuestro lugar significa comprometerse con uno mismo a hacer lo necesario para protegerse a nivel emocional, aunque eso conlleve la desaprobación de otras personas o alejarse de ellas.

Podremos lidiar con la desaprobación de otros, pero nunca podremos lidiar con la desaprobación de nosotros mismos. Paradójicamente, actuamos como si fuera más importante la aprobación externa que la interna e intentamos agradar a personas que nos tratan con desprecio, aunque eso conlleve defraudarnos a nosotros mismos. Somos desleales, traidores y deshonestos con nuestra persona con tal de agradar a otra, y después nos preguntamos por qué tenemos una baja autoestima. ¿Cómo vamos a querer a alguien que nos trata de ese modo?

Si no nos protegemos, si no nos cuidamos, si no cultivamos una buena relación con nosotros mismos, viviremos buscando fuera algo que solo podemos encontrar dentro. Y no porque no haya personas dispuestas a dárnoslo, sino porque, aunque otros nos lo den, nunca sentiremos que sea suficiente si nos falta recibirlo de nosotros mismos. Es una interminable búsqueda, una lucha insaciable, la de intentar llenar un vacío que solo podemos llenar nosotros. Sin amor propio, ningún amor nos será suficiente.

Darnos amor significa cuidarnos, respetarnos y protegernos de todo mal, y eso implica muchas veces enviar a la mierda. A la mierda las apariencias, a la mierda el «qué dirán», a la mierda la diplomacia, a la mierda la vergüenza, a la mierda la cobardía, a la mierda los chantajes, a la mierda las expectativas de los demás, a la mierda la discreción, a la mierda los buenos modales, a la mierda las imposiciones, a la mierda la manipulación, a la mierda la sutileza y a la mierda con la gente de mierda.

A la mierda, sí, a la mierda.

Maneras muy educadas (y no tan educadas) de mandar a la mierda

Mandar a la mierda es algo muy personal. Cada uno tiene que encontrar su estilo propio para hacerlo. Algunas personas prefieren la elegancia, otras usan el sarcasmo, otras la contundencia y a otras les gusta hacerlo directamente y sin opción a pérdida. Dependiendo de nuestra personalidad, del momento y de la persona a quien vayamos a desearle este entretenido viaje, podemos usar uno u otro estilo. Lo que sí es cierto es que cuantos más recursos tengamos, más expertos seremos en este sutil arte.

Hay un aspecto especialmente importante a tener en cuenta en el momento de enviar a la mierda y es que enviar a la mierda significa poner punto y final a la comunicación o la relación con alguien. No significa «no me gusta lo que me has dicho» ni «estoy en desacuerdo con tu punto de vista» (para expresar este tipo de opiniones ya hemos dedicado otros capítulos). Significa «no voy a seguir tolerando tus manipulaciones o faltas de respeto, y hasta aquí hemos llegado». Y debemos ser consecuentes con el mensaje, es decir, no podemos enviar a alguien a la mierda y seguir dándole la palabra o continuar la relación como si nada hubiera pasado porque perderíamos toda credibilidad (y dignidad, dicho sea de paso).

Cuando enviamos a alguien a la mierda debemos, necesariamente, ser coherentes con el mensaje verbal acompañándolo con la adecuada comunicación no verbal y con nuestras acciones, para lo cual habremos de tener en cuenta tres momentos: justo antes de emitir el mensaje, mientras lo emitimos y el momento justo después de emitirlo.

Justo antes de emitir el mensaje: cuando nuestro interlocutor diga ese comentario hiriente, manipulador o entrometido, nos comunicaremos primero con nuestro lenguaje no verbal: mantenemos contacto ocular con nuestro interlocutor de uno a tres segundos sin decir ni una palabra. Nuestra mirada es la vía de comunicación no verbal más potente que tenemos, y es que, ciertamente, los ojos dicen lo que la boca calla. Así que podemos transmitir mensajes a través de la mirada sin necesidad de mediar una palabra. El truco está en mantener en nuestro pensamiento lo que nos gustaría decirle a esa persona mientras la miramos directamente a los ojos («eres un auténtico cretino», «eres un completo manipulador», «¿por qué no te vas a la mierda?»... o lo que se nos venga a la mente en ese momento). Este espacio en silencio de unos tres segundos tiene una triple función: la primera, transmitir el mensaje de desaprobación; la segunda, que podamos valorar, en función del contexto y midiendo las posibles consecuencias, si el mensaje que hemos pensado es exactamente el que queremos verbalizar, y la tercera, en caso de que queramos verbalizar de otra forma lo que pensamos, tener tiempo suficiente para reflexionar sobre la manera más adecuada de hacerlo.

Mientras emitimos nuestro mensaje: cuanto más serenamente podamos enviar a la mierda, mayor control de la situación y de nuestras emociones mostramos, además de hacerlo con elegancia. Para ello, necesitamos hablar claro y en un volumen medio (ni muy alto ni muy bajo), mirando de frente a la otra persona y manteniendo el contacto ocular. En cuanto a nuestra postura corporal, no es necesario que mantengamos una postura abierta como la que usamos en la comunicación asertiva, pues en estas situaciones ya hemos utilizado toda la asertividad que nos ha sido posible y hemos llegado a un punto donde, más que ser asertivos, lo que nos importa es protegernos de balas verbales o manipulaciones. Así pues, si de forma natural nos sale cruzar los brazos a la altura del pecho o poner los brazos en jarras, adelante. Recordemos: no es un ataque, sino autodefensa emocional.

Después de emitir nuestro mensaje: haremos una retirada física o verbal. La retirada física consiste en irnos del lugar donde está la otra persona. Se trata, sencillamente, de agarrar nuestras pertenencias, dar media vuelta y, con gran dignidad, abandonar el espacio sin mirar atrás. De esta forma estamos enviando el mensaje «no solamente te digo que no tolero que sigas manipulándome/maltratándome, sino que te niego la oportunidad de seguir haciéndolo».

Cuando no sea posible hacer una retirada física, haremos una retirada verbal. Esto significa poner fin a la conversación de la siguiente manera: tras dar nuestro mensaje, dejaremos de mantener contacto ocular con esa persona (pues mantener el contacto significa seguir dando pie a una respuesta), teniendo en cuenta que jamás desviaremos nuestra mirada hacia abajo, pues estaríamos transmitiendo un gesto de sumisión, miedo o nerviosismo. Lo que haremos será dirigir todo nuestro cuerpo (cabeza y mirada incluidas) hacia cualquier lugar donde no esté la persona (de este modo confirmamos con nuestro lenguaje corporal que «ya no te estoy atendiendo») y continuaremos con otra actividad. Si no tenemos nada que hacer, puede servirnos coger el teléfono y hacer una llamada o contestar un mensaje, agarrar una libreta y ponernos a escribir, ponernos música en los auriculares o hacer papiroflexia con una servilleta, no importa qué hagamos, sino hacer cualquier actividad que no sea seguir hablando con esa persona.

En cuanto al mensaje verbal, lo más recomendable son mensajes cortos, contundentes, sin demasiadas justificaciones (pues la forma en que nos está tratando la otra persona constituye justificación suficiente) y hacer la retirada física (siempre que se pueda; o en su defecto, la verbal) inmediatamente tras emitirlo.

A continuación, se exponen algunas ideas como respuesta a las típicas frases de manipulación (sustituibles por cualquier otra frase manipuladora), aunque es muy recomendable dejar volar la imaginación y que cada lector ingenie algunas frases de cosecha propia.

Ejemplo: «Mira lo que me hiciste hacer»; «Lo he hecho por ti»; «Todo esto es culpa tuya».

Respuestas:

- Estás tratando de manipularme, pero esto ya no te va a funcionar conmigo [+ RETIRADA].
- Estás intentando hacerme sentir culpable de algo que no es mi responsabilidad. Increíble... [+ RETIRADA].
- Intentas manipularme haciéndome sentir culpable/miedo, y eso dice mucho de ti como persona. No tengo nada más que hablar contigo [+ RETIRADA].
- Hace mucho tiempo que aprendí a detectar manipulaciones como esta y no voy a tolerar ni una más. Hemos terminado de hablar [+ RETIRADA].
- Estoy cansado/a de que trates de manipularme y no voy a permitirlo más [+ RETIRADA].

FRASES MANIPULADORAS QUE INTENTAN JUSTIFICAR
MENTIRAS

Ejemplo: «No he mentido, solo he omitido información»
o «No te lo he dicho para protegerte».

Respuestas:

- El hecho de que algo no sea una mentira no significa que no sea engañoso [+ RETIRADA].
- Tratar de maquillar las mentiras no las convierte en verdad ni te exime de haber quebrado mi confianza [+ RETIRADA].
- Encuentro ridículo que intentes justificar tus mentiras con ese argumento. Lo siento, pero no quiero seguir manteniendo una relación con alguien que me miente [+ RETIRADA].
- La descarada forma con la que intentas manipularme me deja sin palabras y muy decepcionado/a [+ RETIRADA].
- Lo único que quiero de las personas que me mienten es distanciarme de ellas [+ RETIRADA].

Ejemplo: «Estás loco/a»; «No sabes lo que dices»; «Eres un/a paranoico/a».

- Acabas de invalidar mis emociones y faltado al respeto, y no lo voy a permitir, esta conversación termina aquí [+ RETIRADA].
- No voy a tolerar que me insultes ni que me trates de loco/a (o tonto/a, paranoico/a, dramático/a...). Hemos terminado de hablar [+ RETIRADA].
- No voy a caer más en tus trampas manipulativas [+ RETIRADA].
- No sé qué cualidades puedes tener que compensen la actitud que tienes conmigo [+ RETIRADA].
- Esperaba una conversación madura y racional, pero veo que esto no va a ser posible en absoluto [+ RETIRADA].

FRASES MANIPULADORAS DE CHANTAJE EMOCIONAL

Ejemplos: «Si me quisieras te sacrificarías por mí»; «Con lo que yo hice por ti».

- No esperaba que intentases chantajearme emocionalmente de ese modo. Lo siento, pero no voy a picar ese anzuelo [+ RETIRADA].
- Intentar hacerme chantaje emocional dice mucho de la clase de persona que eres [+ RETIRADA].
- Lo que cada uno hace, lo hace porque lo desea y sin esperar nada a cambio. Ahora utilizas eso para conseguir lo que tú quieres, y eso es una manipulación. Lo siento, pero yo no funciono así [+ RETIRADA].
- Si tu manera de hacer cosas por mí implica echármelas en cara, prefiero que dejes de hacerlas [+ RETIRADA].
- Mi concepto de querer no implica sufrimiento, lo siento, pero si no coincidimos en esto, no podemos seguir manteniendo esta relación [+ RETIRADA].

OPINIONES NO DEMANDADAS

Ejemplo: «Has engordado/adelgazado»; «Te quedaba mejor el pelo largo»; «Es mejor que tengas un horario más rígido con tu bebé».

- Sinceramente, no agradezco lo que acabas de decir.
- Muy interesante tu observación, pero no creo que sea adecuada darla si no te la piden.

- ¿Te importaría darme tu opinión sobre este asunto únicamente si te la pregunto? Gracias.
- Si no he preguntado tu opinión sobre esto es, precisamente, porque no quiero recibirla.
- La próxima vez que quiera saber tu opinión te la pediré. Por el momento, no me interesa.

OTRAS MANERAS DE ENVIAR A LA MIERDA SARCÁSTICAS, INGENIOSAS Y CON HUMOR

- Te devuelvo tu nariz. Se había metido en mis asuntos.
- Me parece que tienes el sistema digestivo invertido.
- Disculpa si no cumplo tus expectativas, mi prioridad es cumplir las mías.
- Cuando uno es sencillo corre el incómodo riesgo de ser tomado por tonto.
- Espero que el resto de tu día sea tan agradable como tú.
- Disculpa, me dejas sin una respuesta adecuada para alguien con tu madurez.
- Todos podemos decir alguna vez en la vida cosas estúpidas, pero hay quien abusa de ese privilegio.
- Se te ha quedado un trocito de mierda entre los dientes.
- Hablar con la boca llena es feo, pero con la cabeza vacía es peor.

- Parece que te cortaron verde.
- ¿Por qué no vas a ver si llueve en la esquina?
- (Una forma artística) Dibujar un círculo enorme y decir: «Esto es lo que me interesa la tasa de natalidad de la hormiga asiática (o lo más absurdo que se nos ocurra) y esto (dibujar un punto), lo que me importa tu opinión sobre mí».

La retahíla de formas para enviar a la mierda podría ocuparnos cientos de páginas, pero lo más divertido es hacer uso de la inventiva e ingenio de cada uno para formular originales maneras de mandar a paseo, al carajo, a la verga, a freír espárragos, al quinto pino o a tomar por donde amargan los pepinos... potenciando así nuestro talento, la gracia y la sutileza de este refinado a la vez que grotesco arte de enviar a la mierda, y adquirir así nuestro propio estilo.

Como ayuda, se muestran a continuación algunas originales palabras recogidas en el diccionario español para que, jugando con ellas, podamos formar originales expresiones. Dejen volar su imaginación...

1. *Adoquín*: Persona de poco ingenio, habilidad o conocimiento.
2. *Archipámpano*: Persona que se comporta como si tuviera mucha autoridad o importancia sin realmente tenerla.
3. *Artabán*: Hombre agresivo, machista y misógino que menosprecia a las mujeres.
4. *Baboso*: de conductas lascivas y molestas.
5. *Basilisco*: Persona muy furiosa e hiriente.
6. *Batracio*: Persona de mala actitud e irrespetuosa.
7. *Bellaco*: Malo, pícaro, ruin.
8. *Botarate*: Persona con poco juicio.
9. *Canalla*: Persona ruin y despreciable por su comportamiento.
10. *Cansino*: Pesado, insistente.
11. *Cenutrio*: Torpe, bruto.
12. *Cernícalo*: Persona ignorante y grosera.
13. *Charrán*: Que habla mucho, pero sin decir nada.
14. *Chisgarabís*: Persona entrometida y de poco juicio.
15. *Chupasangre*: Que se aprovecha de otras personas.

16. *Deslenguado*: Que habla de manera insultante, desvergonzado.

17. *Energúmeno*: Persona furiosa que actúa violentamente.

18. *Facineroso*: Persona que actúa con maldad, delincuente habitual.

19. *Granuja*: Persona deshonesta que intenta aprovecharse de otras con trampas o estafas.

20. *Idiota*: Persona poco inteligente o engreída.

21. *Machirulo* o *machín*: Hombre machista, especialmente el que se considera que presume de ello.

22. *Majadero*: Persona descortés, grosera y maleducada.

23. *Maldiciente*: Que maldice o denigra por costumbre.

24. *Malmirado*: Persona descortés, desconsiderada, maleducada.

25. *Meapilas*: Que muestra una devoción religiosa exagerada o hipócrita.

26. *Melón*: Persona torpe o necia.

27. *Mequetrefe*: Persona entremetida, inútil.

28. *Ñoño*: Persona muy quejica.

29. *Palurdo*: Que tiene poca educación y modales para comportarse en público.

30. *Patán*: Persona tosca y torpe.

31. *Pelmazo*: Persona insistente, molesta, pesada.

32. *Petimetre*: Persona que se preocupa mucho de su compostura y de seguir las modas.

33. *Pijotero*: Que produce fastidio o cansancio.

34. *Plasta*: Persona aburrida y molesta.

35. *Pusilánime*: Falta de ánimo y valor para enfrentarse a dificultades, defender las propias ideas o tomar decisiones.

36. *Rastrero*: Que actúa de forma mezquina para conseguir sus propósitos, muchas veces a costa de la humillación.

37. *Ruin*: Persona miserable, de malas costumbres.

38. *Sabandija*: Persona despreciable.

39. *Sabiondo*: Persona que presume de saberlo todo sin saber realmente.

40. *Sanguijuela*: Persona que se aprovecha de otra, explotándola laboralmente o sacándole su dinero o pertenencias.

41. *Sinvergüenza*: Persona pícara y que comete actos inmorales sin reparo.

42. *Traidor*: Que falta a su palabra o a la confianza de otras personas.

43. *Taimado*: Ingenioso y hábil para el engaño.

44. *Tunante*: Pícaro y audaz para estafar o mentir.

45. *Zascandil*: Persona informal, que engaña.

Podríamos añadir muchas más palabras para crear maneras de enviar a la mierda únicas y originales, pero de todas las formas habidas y por haber, la que mejor nos hace sentir, la que más nos desahoga, la que más nos libera y la que no tiene opción a pérdida ni confusión es, sin duda, un claro, sencillo, rotundo y bien pronunciado:

¡VETE A LA MIERDA!

Febrero, 2023
en San Cristóbal de las Casas,
Chiapas, México.